A GUIDED TOUR OF HELL
我走過一趟地獄

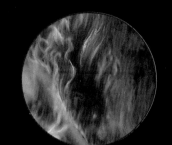

我 走 過 一 趟

地 獄

A GUIDED TOUR OF HELL：A GRAPHIC MEMOIR

山姆‧博秋茲 Samuel Bercholz　著

貝瑪‧南卓‧泰耶 Pema Namdol Thaye　繪

普賢法譯小組　中譯／校閱

Published by arrangement with Shambhala Publications, Inc.
4720 Walnut Street # 106 Boulder, CO 80301, USA,
www.shambhala.com
through Bardon-Chinese Media Agency
Complex Chinese translation copyright © 2018
By Oak Tree Pubilshing Publications, a division of Cite Publishing Ltd.
ALL RIGHTS RESERVED

眾生系列　JP0140

我走過一趟地獄
A Guided Tour of Hell: A Graphic Memoir

作　　　者／山姆·博秋茲（Samuel Bercholz）
繪　　　圖／貝瑪·南卓·泰耶（Pema Namdol Thaye）
譯　　　者／普賢法譯小組
責 任 編 輯／游璧如
業　　　務／顏宏紋

總　編　輯／張嘉芳
出　　　版／橡樹林文化
　　　　　　城邦文化事業股份有限公司
　　　　　　104 台北市民生東路二段 141 號 5 樓
　　　　　　電話：(02)2500-7696　傳真：(02)2500-1951
發　　　行／英屬蓋曼群島商家庭傳媒股份有限公司城邦分公司
　　　　　　104 台北市中山區民生東路二段 141 號 2 樓
　　　　　　客服服務專線：(02)25007718；25001991
　　　　　　24 小時傳真專線：(02)25001990；25001991
　　　　　　服務時間：週一至週五上午 09:30 ～ 12:00；下午 13:30 ～ 17:00
　　　　　　劃撥帳號：19863813　戶名：書虫股份有限公司
　　　　　　讀者服務信箱：service@readingclub.com.tw
香港發行所／城邦（香港）出版集團有限公司
　　　　　　香港灣仔駱克道 193 號東超商業中心 1 樓
　　　　　　電話：(852)25086231　傳真：(852)25789337
　　　　　　Email: hkcite@biznetvigator.com
馬新發行所／城邦（馬新）出版集團【Cité (M) Sdn.Bhd. (458372 U)】
　　　　　　41, Jalan Radin Anum, Bandar Baru Sri Petaling,
　　　　　　57000 Kuala Lumpur, Malaysia.
　　　　　　電話：(603) 90578822　傳真：(603) 90576622
　　　　　　Email：cite@cite.com.my

內頁排版／歐陽碧智
封面設計／兩棵酸梅
印　　刷／韋懋實業有限公司

初版一刷／2018 年 5 月
ISBN ／978-986-5613-73-0
定價／699 元

城邦讀書花園
www.cite.com.tw

國家圖書館出版品預行編目（CIP）資料

我走過一趟地獄 / 山姆·博秋茲（Samuel Bercholz）作；貝
瑪·南卓·泰耶（Pema Namdol Thaye）繪圖；普賢法譯
小組翻譯. -- 初版. -- 臺北市：橡樹林文化，城邦文化出
版：家庭傳媒城邦分公司發行，2018.05
　　面　；　公分. --（眾生系列；JP0140）
譯自：A guided tour of hell : a graphic memoir
ISBN 978-986-5613-73-0（平裝）

1.佛教修持　2.輪迴

225.85　　　　　　　　　　　　　　　　107006369

目錄

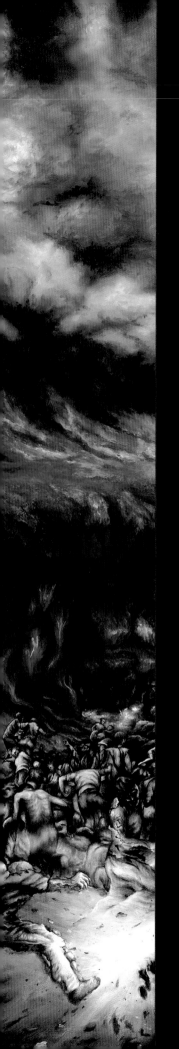

寫本回憶錄，本身就是一段使人學習謙卑的巡禮。在試著找尋方

法來描繪這次難以言喻的體驗前，有著一連串錯誤的開頭。我起

先認爲只要將不同文化中表達地獄經驗的文獻稍微做個比較就行了，這樣

肯定會比採用自傳體的方式容易許多。然而這個自傳體的方式與格式又是

如何產生的呢？

　　在經過本書所描述的種種遊歷之後兩年，我決定於離家甚遠的澳洲之

維多利亞州希爾斯維爾市（Healsville）所舉辦的週末研習營中分享我的

經驗。在此講座中，我將自身的經歷與藏傳佛典中所描述的地獄兩者來作

比較，尤其是以巴楚仁波切（Patrul Rinpoche）所著的《普賢上師言教》

（The Words of My Perfect Teacher）作爲藍本。這是我第一次在公開場合

中開誠布公地談論我曾進入地獄的經歷。課程結束時，一位名叫史都華‧

麥克當諾（Stuart MacDonald）的學員告訴我，他對我所描述的內容很感

興趣，並且鼓勵我將此經歷撰寫成冊——不只是一本普通的書，而是串連

文字與插圖來暗示一種不可言喻故事的圖像小說。

　　我曾經和家鄉的幾位好友聊過此段經歷，也在一次拜訪那時居住於

麻州劍橋市且以禪修聞名的上師——祖古東度仁波切（Tulku Thondup

Rinpoche）和佛母莉迪亞‧西格（Lydia Segal）時，順口提起這段往事。

出乎意料地，仁波切放聲大笑並以開玩笑的口吻對我說：「哎呀！那你不

就成爲美國第一位的『德洛』（delog，西藏還魂人）❶了！」看來在諸多

西藏文獻中都曾記載著男女資深行者對瀕臨死亡的敘述，他們被稱爲「德

洛」，意指「死而復生者」，許多的德洛聲稱他們曾遊歷過眾生可能投生

的下三道。仁波切曾經翻譯過許多這類的故事，在他所著的《藏密臨終

寶典：藏傳佛教 30 則還陽實證暨投生淨土指南》（Peaceful Death, Joyful

Rebirth，眾生出版，二〇一五年）就有提及；他解釋道：「德洛」並非是當代的一種現象，也不唯獨發生在西藏人身上。透過覺悟聖者的指導，許多德洛返回人間來教導大眾。儘管我無法聲稱自己的經歷完全符合藏傳佛教對地獄的描述，但只要一想到自己可能被視為傳統認證的一部份時，也著實讓我感到著迷。

由於仁波切的鼓勵，我便著手進行此項計畫並開始探索圖像小說的領域，也就是所謂的圖像回憶錄。一開始我認為或許可以引用如西方但丁著作中最著名的地獄圖像「煉獄篇」，並構思以但丁和巴楚仁波切之間的對話方式來呈現內容，作為我們三人對此段旅程的共同探尋。後來考慮這樣做可能會過於概念化，於是打消了這個念頭。

接著，我又試著探索插畫家的領域，希望能找到一位能夠理解狀況的合著者。我的妻子艾咪・格林（Amy Green）不知怎的突然想起一位我們曾見過面的年輕畫家兼建築師貝瑪・泰耶（Pema Thaye）。他很有天份且受過訓練，同樣也具有以「想像」和漫畫藝術風格來創作的嗜好。我沒有抱持多少期待，只是和貝瑪相約在某個午後見面，本來預估半個小時就可能因沒有結論而提早結束，卻欲罷不能且延長至好幾個小時，回到家時已是半夜，但我的心中卻無比興奮。貝瑪不僅懂得我所說的事情，還能用心中之眼清楚看見，並且有信心能夠將我的故事以圖像繪畫來加以表達。

於是我們開始密集會面並鉅細靡遺地討論故事內容，大約只花一年多的時間，貝瑪就繪製出漫畫般的非凡插圖，為這本書的第一篇和第三篇增色不少。接著他透過我在書中所描述的地獄，創造出一系列卓越的彩色圖像來展現此栩栩如生的旅程。（請讀者注意，書本中的繪畫並非全然反映我所敘述的細節，而是藝術家依據他個人極具創造力與靈感的泉源來對我的故事做出回應。請參閱他在本書後面「插畫介紹」中所做的評論。）

在我將自身的經歷以言語表述時，遇到的一個重要挑戰就是：要如何傳達超越一般空間與時間的事實？因此我必須創造出一種描繪而非闡明的

語言。就許多方面而言，這種語言缺乏明確性與正確性，但是卻能表明所述。我非常確定，當貝瑪受到我不按字面意義而以隱晦方式表達所啓發，進而構思一種視覺性語言時，也遇到類似的挑戰。我們花了好幾個月長時間地討論色彩、形狀與擬人化圖像的細枝末節。透過貝瑪精巧細緻的藝術能力，對創作題材自然領會的功力，以及似乎有種能將自心融入我心的能力，第一份草圖終於成形。從早期的草圖繪製開始，必須煞費苦心地將所經歷的一切細節與情感注入繪畫中，最後完成的品質遠遠超乎我的預期和想像。

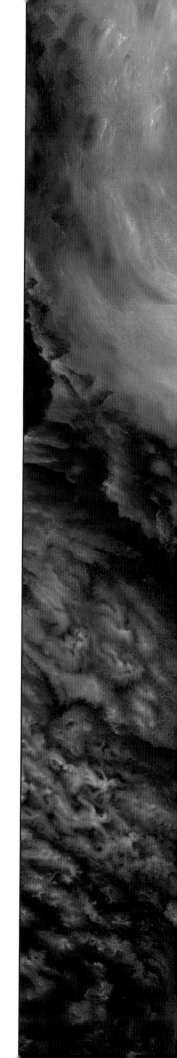

人物與地獄景象

接下來的合作階段，我必須潛心思忖繪畫中的內容，亦即貝瑪對我敘述所做的詮釋。接著我必須進入到某種與圖像的假想對話中，再由那對話構思出一種書寫的語文，最後再從記憶與想像中來完成人物與地獄景象的架構。

此外，我也遇到另一個極大的挑戰，那就是不論寫字、打字或對著麥克風說話，我都必須讓自己進入冥想地獄的狀態，以期能夠完整描述一切；而當我要再次進入地獄情境時，在情感上是相當令人難以忍受的。（對貝瑪亦然，他說繪製本書是他個人遇過最錐心刻骨的少數工作之一。）爲了要再次體驗這種幾乎難以想像的極度折磨與痛苦，需要有一種結合深層寂靜的極大內在力量作爲支撐，才能夠不具評斷或恐懼地來「觀看」；在此「觀看」的過程中，我以地獄眾生的某些特質創造出一些擬人化的人物。

我的一兩位摯友在讀過原稿後，起初對這些人物的小插圖感到迷惑不解，認爲這些故事創造了一種部份爲個人經歷、部份爲杜撰而來的混合素材，這種體裁尤其會讓西方讀者感到困惑。假使佛教的地獄是個人內在習氣的強化投射，那麼這些故事是否也只是透過我個人習氣所編造的呢？還

是這些人物曾經（或將會）真實地活在地球上呢？關於這點，我必須承認，這些杜撰出來的人物可能會讓人產生懷疑與困惑——究竟他們是我親眼所見？亦或是身為佛教徒的我從佛典中所獲悉的？我懇請讀者容許這模稜兩可的不確定性，為了不讓故事充滿著紀事性，這樣的編排是有其必要性的。

我之所以會講述這個怪誕故事的動機，是為了要傳達地獄嚴酷的事實——這既是我在瀕臨死亡時所經歷的，同時也符合佛教的宇宙觀。與西方傳統比照，佛教的宇宙觀是極為獨特的。我並非暗示這些人物是具體的真實人物，也不想將特定族群套上僵化的模式；我只是將地球上每一種人類在文化中所展現的思維與行為習慣予以擬人化。我的經歷告訴我，地獄眾生具有共通的特色：他們都是結合不同程度虛無主義的徹底唯物論者，也具有憎恨、藐視，以及對他人極度冷漠的態度。在描寫書中虛構人物時，我不只描述他們當時所受折磨的狀態，同時也描述每位人物為自己

和他人之間製造極端痛苦的所作所為。有一些人物是我們所熟悉的個人類型，他們展現出我們沉溺於負面心態的平常樣子，而其他人物或許與過去罪大惡極的歷史人物有些相仿，甚至有些人物被安排於未來的場景中。因為我在地獄時所經歷的過去、現在與未來這三時，全都同時存在於一個「當下」的狀態中。

同時，書中人物也可視為我們所熟悉的人性型態，他們全都具有來自我過往經驗的一些要素。基於個人視覺體驗的結果，我能夠洞悉在我生命中顯現的個人地獄，並且用這些瞥見來讓我所創造的人物簡介變得生動。然而由於我們人類在許多轉世的旅程當中，多少會遇到類似的苦痛，因而我的地獄與你的地獄或許具有某些的共通點。

最後，本書並不全然是一部記錄我的旅程以及從中學習的文學作品。我不會主張本書是描述佛教地獄的教材，也不會試圖說服你要相信來世。我不是要回答對瀕死經驗的種種質疑，這些已有別人做過相

當的探究。或許有人會對我的故事感到驚愕，但這絕非我的本意，我只是希望本書的任何洞見和非凡插圖，能夠幫助在世間經歷地獄以及心中經歷地獄的人們找到慰藉與解脫。我一直以來的任務就是要以清明智慧和慈悲來與我的經歷連結。

就我這段如夢魘般的探險而言，我很驚訝地發現自己對閻羅王（King Death，死主閻摩）只有些許的恐懼，因為我深信，祂存在的必然性就是實相的面貌；然而，我卻對「瞎扯王」（King Bullshit）❷十分畏懼，因為那是自我欺瞞與怯懦否認的面貌，如同狡詐又難以捉摸的陰影，總是藏身於死角。幸運的是，總是會有具慈悲與智慧的光明聖者將祂們的力量融入有機肥料之中，以便從那土壤中，覺醒之花終能綻放。

山姆・博秋茲（Samnel Bercholz）

於美國航空七二航班班機

南太平洋上空某處

二○一六年一月廿二日

譯註：

❶ 德洛（délog，藏文音譯）之字義為「死而復生者」。傳統上「德洛」是指因疾病而好似「死亡」的人，而且也經歷過死亡中陰。他們遊歷地獄，親眼見到亡者被審判，以及地獄的痛苦；有時也會遊歷天界和淨土。他們多半是由本尊伴隨、保護他們並且解釋所發生的一切。大約一週以後，「德洛」會被送返人間，為死主閻羅傳遞訊息給世人，敦促他們努力修持，並且以有益的方式生活。通常人們很難相信「德洛」的故事，為了使人們把心轉入智慧的道途，「德洛」會窮其一生講述他們的故事。（譯自 Rigpa Wiki 的詞彙解說）

❷ 作者用此比喻表示愛說大話的人其實比閻摩還可怕。

真理的滋味

我曾經有過兩次的死亡經驗。

第一次是在我二十一歲那年，那時我剛結束學業並開始了出版生涯。在越戰的高峰期，我懷抱著青年理想主義的精神進入大專就讀。但在華盛頓特區讀了一個學期的政治學後，我對政治所懷抱的幻想完全破滅，也了解到這並非我心所屬，於是回到老家舊金山。

很快的，閱讀成為了一種新的嗜好，我開始飢渴地大量閱讀上百本我在十五、六歲時就很熱衷的宗教、心靈與神秘傳統等題材的書籍。在了解許多哲學思想後，我進而探索當時在灣區許多不同的印度教修行處所、禪宗中心以及神秘主義老師。

當時在舊金山中國城的佛教講堂有開設《六祖壇經》的課程，那是北美洲最古老的一間佛寺。授課的老師是位美國人，叫做喬‧米勒（Joe Miller），他是個滿頭銀髮，臉上布滿歲月痕跡和留著落腮鬍的老先生。我極為用心地聽他講課，而他的課程絕對有著「真理」的滋味。喬和他的妻子瑰安邀請我和我的好友到他們離寺廟不遠的住家。這兩位好客的主人就像是一本活生生的百科全書，對於全世界的心靈傳統了解甚透，並在與我們相處的諸多討論中分享他們的知識。接下來兩年，我們成了他們家中的常客，從他們那裡所學甚多，尤其是佛教哲理，偶而我們也會一起打坐。

喬並非典型的靈修老師。他曾經在舊金山的滑稽諷刺劇屋駐唱多年，也在劇屋脫衣舞表演的空檔負責講笑話。我們初次見面時，他是脫衣舞孃工會的代表，替中國城和北岸區所有的脫衣舞孃與她們的雇主居中調解，而這些雇主多半是黑手黨成員。舊金山大多數的脫衣舞俱樂部和這間佛寺距離不到五個街區。

喬教導我辨識他所謂的「真實面」——亦即與我向來排斥之謊言截然相反的事物。當然那時候我並不了解這一點，但是這個預備課程為我之後和西藏上師們修習佛法奠定了基礎，那些上師讓我對佛教世界觀的全貌大開眼界。

一九六八年時，我白天仍然會去大學上課，課餘時間則替美國郵局遞送郵件和包裹。在對佛教和各種神秘傳統產生興趣後，我向

加州柏克萊大學校區附近的莫耶書局（Moe's Books）老闆毛遂自薦，希望他雇用我來增設有關東方宗教傳統以及西方神祕學傳統書籍的專屬部門，此增設的部門被命名為「香巴拉」（Shambhala），這是依據傳說中的證悟國度來命名，後來這個部門迅速發展為一間獨立的書局。

一九六九年，我們開始試著發行書刊，起初只在原先的書店中販售，後來才經銷到世界各地。在香巴拉出版社名下發行的第一本書是由邱陽創巴仁波切（Chögyam Trungpa）所著，他的手稿是由一位倫敦的出版商文生·史都華（Vincent Stuart）交給我的。這本書出版後不到幾個月，我和作者首次會面，他告訴我：「我不斷看著《動中修行》（*Meditation in*

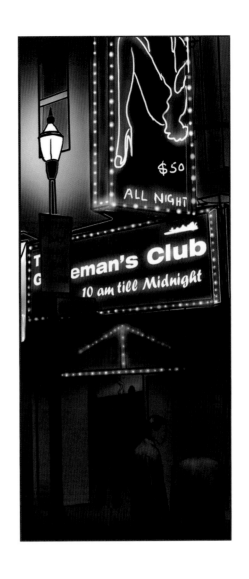

Action）這本書的書脊『創巴·動中修行·香巴拉出版』，懷疑這是不是我的幻覺？」原來創巴仁波切和他的傳承與香巴拉傳統是緊密相連的。

因此，就是在這樣吉祥的因緣巧合下我們展開了合作。我幫創巴仁波切在舊金山安排了幾場開示，接下來的十七年間，直到他圓寂前，我成為他親近的弟子，並向他學習禪修、接受完整的佛教訓練。我從來沒有想過自己竟能夠領受到如此大的加持。

印度之旅

一九七二年，我與未婚妻海卓決定前往印度，此行的目的最主要是採購書籍，並且前往與佛陀有關的聖地朝聖。出發前，我們先花了兩三個星期拜訪邱陽創巴仁波切，當時他正在麻州鄉間進行為期一年的個人閉關。我們抵達時，仁波切正在編寫劇本，停留期間我們幾乎徹夜不眠地協助他編寫劇中的台詞、會見其他的弟子，並且聽他向我們透露：如何以每年舉辦三個月、研讀與禪修並重的研討課程來傳授佛法的新計畫。

在我們臨行之前，仁波切用藏文寫了一封介紹信，簽名封印後要我們交給可能會在印度和尼

泊爾遇到的西藏上師們，同時也鼓勵我們去會見他所屬之噶舉派的第十六世大寶法王。他也列出一份建議我們去拜見的上師名單，但是他附加說明，不要過於擔憂如何與他們連繫，並且向我們保證，凡是我們在亞洲沒見到的人，稍後將會在北美洲與他們會面。這是對許多西藏偉大上師之後會來到西方的預言。

我和海卓來到冰凍積雪的蒙特婁，然後搭機前往印度。在抵達新德里後，我們搭乘電動三輪車前往舊德里年久失修的旅館。我們感覺好似來到另外一個世界：有著陌生的味道、景物以及刺耳的聲音。一大群的牛、行人，還有腳踏車、三輪車穿梭，其他車輛則在馬路上摩肩擦踵、驚險萬分。這間德里旅館的牆面超乎想像的恐怖又骯髒，外面的大卡車不斷按著震耳欲聾的喇叭，再加上工人敲打的重擊聲，吵得我們幾乎無法入眠。

再這樣下去可不是辦法，在我們從旅程與文化衝擊恢復之後的兩三天，便閒晃到新德里，在那兒找到了一間價格合理的西式旅館。

接下來，我和海卓就開始找尋有銷售英文書籍的書攤與書店，光只是在舊德里市場中的一間書商那兒，我就買了上千冊的書籍，這話絕不誇張。這是一間大型的書店，當中有許多不同語言的書籍，不是擁擠地塞在書架上，就是從地上疊到天花板那麼高。這間書店是由信奉耆那教的家

族所擁有，在印度獨立後，他們的家鄉拉合爾市被併入巴基斯坦的領土，於是舉家搬遷到德里市來定居。我們花了整整兩天的時間，搜遍他們所有的英文書籍後，付給他們一大疊的盧比。交易完成後，他們邀請我們到樓上的住家，那兒擠滿了書商三代、年輕人和為數不少的僕人。本著對書本的熱愛，尤其是那些擁護印度不同精神傳統的書籍，因此我和這戶的大家長很快地就非常投緣。

接著僕人送上最豪華的素食盛宴，並不停地端出經過美味可口香料調味的各種蔬食和穀類。在我們即將告辭時，他的大兒子提議成為我們在印度的圖書代理商，他們也很樂意延伸信用條件，亦即不需要支付現金。在我們握手

達成協議後，接下來的二十多年，我們彼此合作無間。

離開德里後，我們搭乘火車前往位於神聖恆河畔的瓦拉納西。我們造訪了附近的鹿野苑，那是釋迦牟尼佛證悟後第一次宣說佛法的地方。我們本來打算要到恆河的火葬石壇觀看每天早上進行的火葬，但是一想到要看焚燒的屍體時，便讓我們兩人感到害怕與不舒服，於是我們故意睡過頭來逃避如此的經歷。現在回想起來，倒有些諷刺，因為佛陀在鹿野苑初轉法輪時所教授的是四聖諦，第一聖諦就是「苦的事實」（苦諦），但是我們的心裡卻還沒準備好要了解這一點。

菩提樹下

接下來，我們啓程前往位於孟加拉喜馬拉雅山脈丘陵地帶的大吉嶺。我們從新賈帕古里搭乘當地著名的觀景火車——「玩具火車」（Toy Train），在晚上終於抵達了目的地。早晨醒來後一打開房間的百葉窗，映入眼簾的是干城章嘉峰（Kanchenjunga peak）雄偉壯闊的景緻；天空與大地之橘紅、粉紅和黃土色彩，在深藍色天空的映襯下顯得無比的輝煌。現在我們非常開心來到印度，至少來到喜馬拉

雅山區中。

　　我們住在一間名叫「文德米爾」（Windemere）的可愛小旅館中，旅館坐落於茶樹園間。在大吉嶺的街道散步時，可以看到身著沙麗服飾的美麗婦女、牙齒掉光的行乞者，以及殘廢畸形的痲瘋病人，其中一人以他塌陷鼻樑上方的雙眼凝望著遠方。我們也遇到一些於一九五九年因中國共產黨占領故國而逃離家鄉來此定居的西藏人，有一些西藏喇嘛熱情的款待我們。我們希望能夠繼續前往錫金拜會第十六世大寶法王，他是逃離西藏最偉大的精神上師之一。有人告訴我們大寶法王並不在他駐錫的寺院中，但是很快會在佛陀悟道成佛處的

菩提迦耶傳法。

　　我們來到尊貴的卡盧仁波切所駐錫的寺院想拜見他，寺院位於大吉嶺外的小城索那達。當我們將創巴仁波切所寫的信件呈上時，他微笑著問我們是創巴仁波切的朋友或是弟子，我們彼此互看一眼，很用力地想了幾秒鐘後回答：「弟子。」接著他開始傳授我們禪修的口傳，並且進行了祈請整個噶舉派傳承的儀軌（大寶法王和創巴仁波切也同屬此一傳承）。當我們既茫然又快樂的離開寺院去尋找返回大吉嶺的交通工具時，卡盧仁波切的一位丹麥學生追了上來，問我們是否歡喜接受法教，我們的回答是肯定的，於是他主動提出，在接受法教後，依慣例需要供養上師。於是我趕緊補簽了一張旅行支票並奉上以彌補我的失禮，對於上師傳法與修持需作供養的這個道理，那時的我蠢到一無所知。

　　接著我們繼續前往菩提迦耶朝聖，並在一家簡陋的小旅館住了幾天。一想到要去參觀佛陀二千五百年前的證悟成佛之地，就讓我們備感興奮，當時悉達多就坐在現今稱為菩提樹的無花果樹下證悟！一種深層

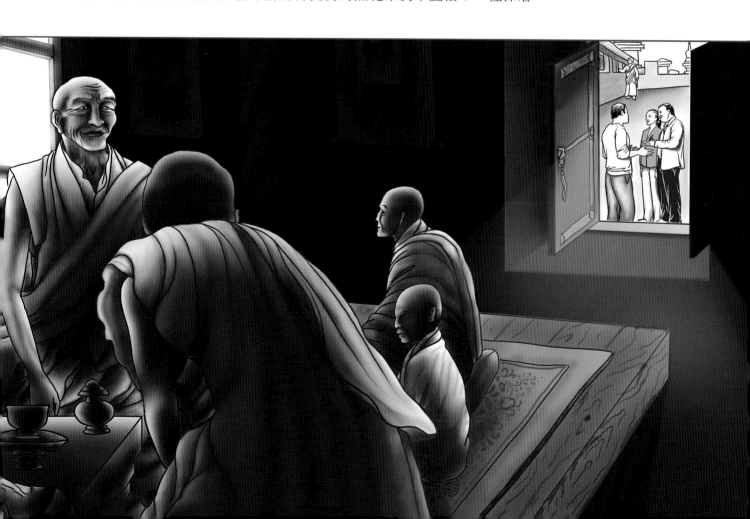

的寂靜彌漫整個區域，那個時候，該處還沒圍上圍牆或分界線，因此我們可以四處走動或隨處坐下，甚至還可以坐在佛陀成佛時之金剛座的大概位置上。這裡的殊勝之處在於：它同時也是相當普通平凡的，任何地方都可以是證悟之地。和我們一樣來自世界各地的佛教徒，都會來此頂禮膜拜。

白天時，我們在菩提迦耶附近訪古尋幽，我非常高興能夠花些時間停留在好幾世紀前著名而興盛的佛教大學「那爛陀寺」遺跡。那洛巴尊者就是曾經在此研讀與教授的大乘學者之一，由於我受到海柏・關瑟（Herbert Guenther）所著《那洛巴的生平與法教》（*Life and Teachings of Naropa*，暫譯，一九九五年）書中的描述，尤其是為那洛巴與其上師帝洛巴的相遇及後來經歷種種苦難事跡的故事所深深啟發，才會對密乘佛教產生興趣，進而皈依佛門。對於能夠在那洛巴尊者以及許多偉大上師們曾經生活居住以及嚴守戒律之聖地遺址上走動，使得我從書中讀到的傳奇故事變得更加栩栩如生，而我亦能夠在幾世紀後仍感受到這些上師們的覺醒氛圍。

到了晚間，我們則會和一些等待大寶法王到來的西方人與西藏人坐著

閒聊，每天都有傳言說大寶法王次日就會抵達。有一天，我們被告知法王的行程可能會延誤好幾個星期，聽到這個消息頗令人失望！就在同一天，我們被踢出旅館，原因是有一群日本朝聖團即將抵達，他們預訂了城中所有的房間。我們實在找不到地方過夜，後來有人告訴我們只要付幾個盧比就可以睡在一座鋪有墊子且相對安全的戶外平台上。我們別無選擇，卻也感到恐慌，因為天氣濕熱，蚊蟲會群起肆虐而攻擊人們的頭、臉和四肢。

那天晚上的經歷對我而言真是恐怖極了，因為蚊蟲全都鑽進我那又薄又髒的被單來叮咬或吸取我的血液；更慘的是，我們無法將行李寄放在安全的地方，因此必須試著一邊休息、一邊睜著一隻眼來看守行李。日出時我們真是如釋重負，因為終於可以搭乘火車回去新德里以及舒適的旅館了。

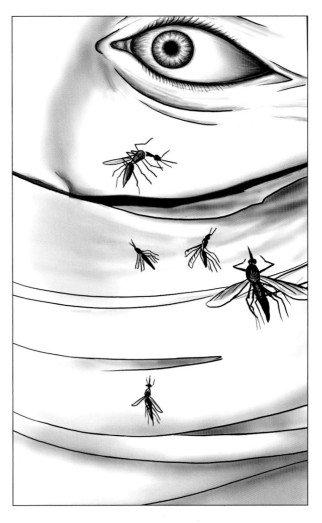

生命力的消逝

回到舊金山後不久，我就開始生病，而且病得很嚴重。在某個時候，我甚至會動彈不得，於是我住進了哈尼曼醫院（Hahnemann Hospital）的隔離病房。醫生當時一直無法確診我的病情，他們判斷我或許是感染瘧疾或是別種熱帶疾病，因為這段期間我不斷地嘔吐、腹瀉。

我的體溫不斷往上攀升，身體的疼痛到達無法忍受的極點，醫生開給我治療瘧疾的藥似乎只會讓我的病情更加惡化。最糟的一天是我的身體必須包裹著冰塊，因為醫生害怕再燒下去會奪走我的生命。海卓和我的母親則被允許可以穿上開刀服和口罩進來看我。

病情持續惡化，我感覺到身體的熱度和冰塊之間的寒冷變得難以忍受。很顯然地，我的生命即將結束，驀地，我的生命力就這麼消逝了。由於時間概念的轉換，我感覺所有的一切都像融化的糖蜜般緩緩地流動著……。

視覺景像和聲音、感受和思維、嗅覺和活動，一點一滴地相互融合。劇烈的疼痛令人難以招架，我感覺自己好像是被好幾噸重的鉛塊拴著並且往下拉；然後遠處透著光的隧道越來越接近，漸漸由小變大。

緊接著是一道乍現的亮光，我隨之而去且突然不再感到痛楚，然後我的意識離開了身體，好像升到病房的天花板，感覺所有的一切皆廣袤無邊，還可以看到、聽到一群醫生和護士在病床周圍徘徊。我聽到像是：「他死了嗎？」、「或許我們應該通知他的家屬。」我對這些話語都無動於衷，因為能夠脫離飽受痛苦的身體真的是一大解脫。之後我只是緊隨著亮光進入一個明亮的空間中，我的意識歡喜地迎向天界般的喜樂。

在我甦醒之後，他們告訴我，我的上師邱陽創巴仁波切曾來看我，他坐在病房外，因為我被隔離，所以他不能進入探病。他好像給了其中一名護士一條紅色的「金剛保護繩」，這是藏傳佛教戴在脖子上的傳統加持；那條金剛繩是由大寶法王的使者當天上午送去給創巴仁波切的。護士把那條金剛繩戴在我的脖子上，就在同一時間，美國喬治亞州熱帶疾病中心打電話過來告訴我的醫生，我是得了班疹傷寒而不是瘧疾，於是醫生們透過靜脈注射幫我注射適當的傷寒藥物。

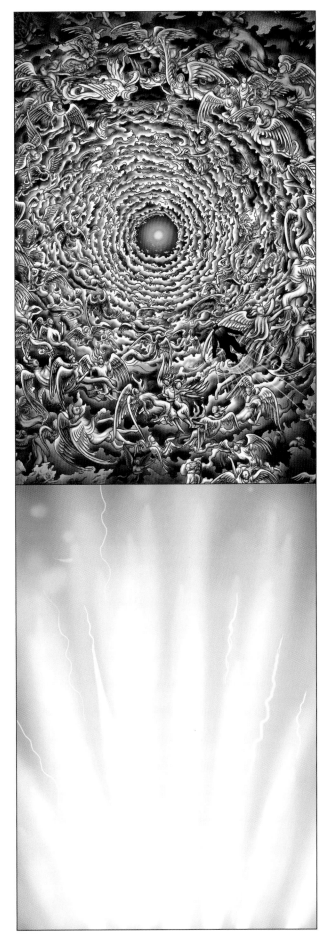

　　我還記得意識重回身體的那種感覺 —— 就像是噴射機穿過音障（sound barrier），通過一個個的器官、一粒粒的分子，突然間感到極端的苦楚，我的意識回到了身體。醫生、護士們和海卓在病房中「歡迎我回來」，其他所有的人則被擋在隔離區外，因為傷寒和中世紀的黑死病一樣具有危險的傳染力。醫生稍後告訴我，我是一次世界大戰後，舊金山第一個被記錄為患有傷寒病症的病人。

　　這是我第一次的死亡經驗。我後來發現這並非什麼不尋常的經歷，許多從鬼門關返回的人也大都會形容當時漂浮上升並往下觀看自己死亡的景象，然後被光亮所吸引，這種典型的情節被許多人描述為「瀕臨死亡的經驗」，這也正是我所親身經歷的。

　　每個人都因為能上升到光亮中而感到鼓舞，但若你沒有上升反而被往下拉，又會是什麼樣的情形呢？

　　或許你並不會真的想知道。

苦痛的循環

在這之後，我的生命又持續過了三十五年。我的瀕死經驗和精神信仰讓我更能感恩生命中的起伏，以及與我擦身而過的各種人、事、物。我也相當感激往昔與當前佛教上師們所傳授的甚深法教，以及他們透過親身或是以文字、藝術品和其他創作方式來加持這個世界。我與上師創巴仁波切的關係亦更加深厚，他也在他的上師們——第十六世大寶法王與頂果欽哲仁波切——來到美國時，把我引介給他們。海卓後來與我結爲夫妻，我們有兩個孩子莎拉與艾文，而且我還變得非常富有，但也幾乎失去一切。我的上師創巴仁波切在他的上師們入涅不久後也跟著圓寂了，得年四十八歲。這些都進一步證明了無常的事實，亦即佛陀所教導關於存有的三項根本事實之一❶。

另一個意想不到的福報是，我後來竟然有機會向另一位佛教大師聽列諾布仁波切（Thinley Norbu Rinpoche）學習佛法。後來，我與海卓分居，但依舊保持密切的聯繫，因為我們共同具有對孩子們的愛，以及彼此對佛法修道的承諾。我對自己的精神生活與世俗生活感到快樂，也對人際關係和曾從事的工作感到滿意；尤其能夠見證兒子和女兒從輕狂的少年發展為具有相當成就的成年人與同事，讓我備感欣慰。

接著到了我「流年不利」的時候，在亞洲文化中相信更年期障礙會在六十歲左右到來。那時我感到自己變得遲緩、患病，經常心絞痛、呼吸淺促。然而，醫生檢查後卻沒發現任何問題。

第二次的死亡經驗發生於盛夏的加州沙漠，在我過完六十歲生日的幾個星期後。

那時我和伴侶艾咪剛抵達棕櫚泉國際機場，準備飛往溫哥華。當時是正午，氣溫高達攝氏 49 度。從停車場走到機場航廈，一股股的熱浪讓我行動變得緩慢不已，到了劃位櫃檯後，我才驚覺自己把護照留在車上。我萬不情願地走回那個稱為停車場的炙熱烤箱，四肢和下腹都感到極為沉重，額頭與手臂汗水直流，當時的我非常渴望前往北方，投入英屬哥倫比亞濃霧的涼爽氣候中。

在炙熱夏季走出有空調的機場航廈，就像是走進爆炸的火爐中。人行道將高溫反射到我臉上，眩目的陽光讓我視線模糊。我用盡氣力地穿過停車場，感覺到身體越來越沉重，簡直到了舉步維艱的程度。我在車上找到護照後又走回機場航廈，接著我開始懷疑自己是否能走得回去？因為猛烈的暑熱讓我覺得虛脫且幾乎喘不過氣來。

好不容易費了九牛二虎之力才走回機場航廈和大夥兒在登機門會合，這時我感到相當不舒服，並且開始懷疑這趟旅程是否能成行？接著我感到左手臂還有胸口疼痛、呼吸困難。這時我才意識到自己可能是心臟病發，於是我請艾咪打九一一。

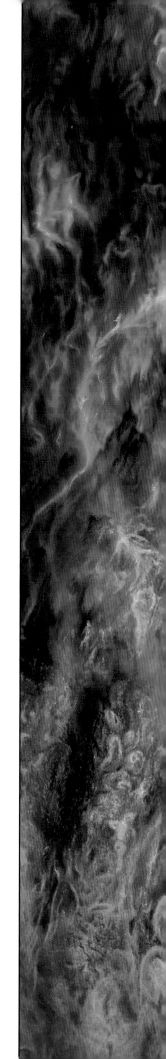

　　出乎意料地，消防隊的醫護人員在五分鐘內就抵達了，並開始為我做些例行性的檢查。之後他們為我戴上氧氣罩並將我固定在擔架上。我本來應該和聽列諾布仁波切與他的弟子登上班機，仁波切走近身旁告訴我不要擔心，這並不表示命數將盡。之後他就和隨行人員登機，而我則是在被抬上救護車後緊急送往醫院。

　　在醫院中，他們為我做進一步的檢查。我本來以為只要做血管修復手術就好，但事實並非如此單純，我必須馬上接受更難上六倍的冠狀動脈繞道手術。當時我心想：「天啊，這下我麻煩可大了！」突然間，我意識到自己的生命將會徹底翻轉。時間開始以極快的速度加速前進，我沒時間讓自己做好準備，甚至連上廁所的時間也沒有。或許他們幫我注射了消耗時間的藥物。在住進醫院的十六小時後，我被推進了手術室，並且上了麻醉藥；接著他們要我從一百開始倒數：一百……九十九……九十八……九十七……九十六……。

　　眼前變得一片空白……。

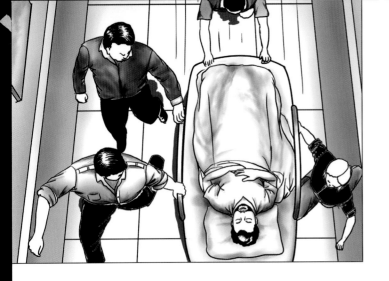

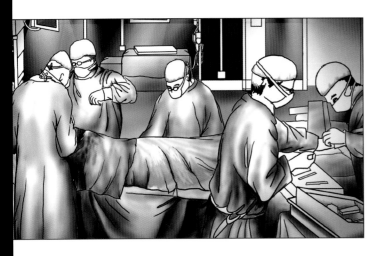

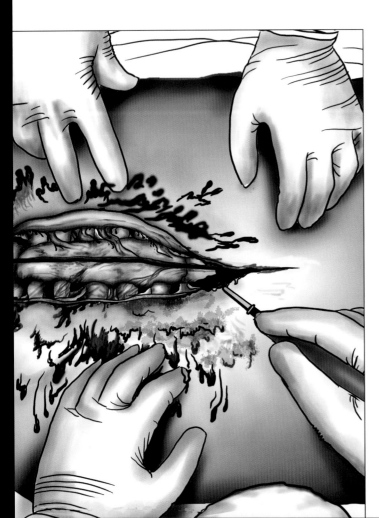

接下來，我足足接受了長達八小時的心臟外科手術。此時的我只能靠呼吸器來維持呼吸，外科醫師切開我的腿，從中取出一段長度足以用來接枝的血管，左乳內的動脈也被切下一截來接枝，然後他們切開我的胸骨，將肋骨向後拉，這樣外科醫師才能進行心臟手術。他們藉由醫學方式來讓我的心臟停止跳動，然後將血液循環連接到人工心肺機，之後再將不同的接枝連上，以便取代六條全部阻塞的血管。手術後，醫生們將我的胸骨以手術鋼絲連結復位，然後縫合切口，並在我的身上插滿了各種管子做爲引流。

我在麻醉藥退掉後醒來，發現自己的呼吸被呼吸器控制了，我驚慌了一會兒，覺得自己無法呼吸。不只我的身上插滿了各種管子，連嘴巴、喉嚨和鼻子也插上了粗大的導管，這些管子讓我覺得十分惱怒、疼痛。護士走過來，溫和地告訴我不要恐慌，只要放鬆和配合著呼吸器一起呼吸就可以了，而且隔天醫生就會來移除喉嚨和鼻子的管子。當時我根本搞不清楚自己應該怎麼做，直覺是有一根管子深深地插入喉嚨直通到肺部，因爲過度驚慌導致呼吸窘迫，我想要大叫卻叫不出來。護士站在我旁邊試圖說些話來安慰我，但是我越來越緊張以致於昏厥了過去。恐慌慢慢地消失，在筋疲力竭的情況下，我

只好在呼吸器透過肺部打出空氣時跟著呼吸。

　　我感到護士是真的很擔心我，而且他和藹與溫柔的態度令我十分感動。我相當開心自己還活著，還能看到我的家人，雖然見到女兒莎拉哭泣時讓我非常難過，但是當我們四目交望時，她的微笑溫暖了我的心。

　　喉嚨和鼻子的管子終於被拔出來，呼吸器也停止運作了，能夠自己呼吸真是一大解脫！接著他們將我轉到不同的部門，由於嗎啡點滴的劑量逐漸減少，醫生來巡房時告訴我要用多少嗎啡都可以，但是也警告我，嗎啡具有成癮性，而且還會導致結腸阻塞而引起便秘。他輕聲笑著告訴我：「所以決定權在你囉！」

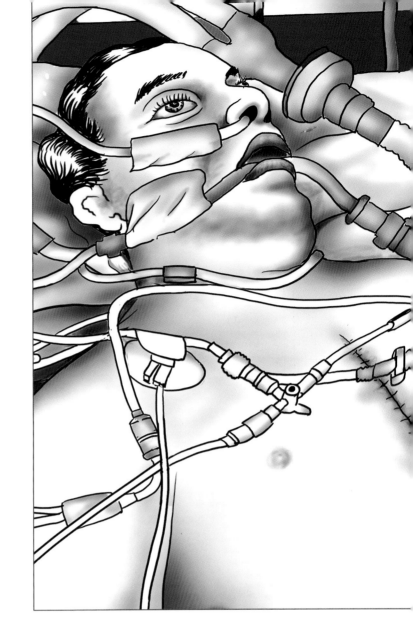

每天，四位家人會各花六個小時的時間陪著我，護士也給予我眞誠周到的照護來讓我能夠忍受自己的身體狀況。有位護士幾乎馬上就告訴我，每天都應該盡可能的多走動，這樣可以幫助傷口癒合良好。在大家的協助下，我開始以行經其他病房的環狀走動方式復健。

我個人的疼痛感相當劇烈，但是當我經過其他重症病房時，我了解到，即使我感到自己的狀況已經夠糟了，然而其實還有其他的人比我更痛苦。反覆看到人們必須忍受著身體不同部位的疼痛，聽到他們痛苦的呻吟聲，以及他們親友的心碎聲，都會讓我感到悵觸萬端。

雖然醫院提供了餐點，不過味道眞的很糟。他們也提供飲料，但是我卻覺得那不但不像是止渴的液體，看起來反而比較像是某種奇怪的霓虹燈。當我體力慢慢恢復一些時，他們提議我辦理出院回家。

某天晚上很晚的時候，兩位菲律賓籍的男性護士協助我下床步行，他們兩位都非常和藹，不但盡力幫助我，也常會和我一起開玩笑。其中一位年紀較輕，身高一百八十公分以上，烏黑的頭髮整齊地梳在腦後，看起來像是一位尊貴的酋長；另外一位個子較矮、年紀較長，讓我想起我的父親。當我們走路時，其中一位護士將我後面敞開的病服拉合，並且說我應該不會想要分享病服下的春光，接著他向我

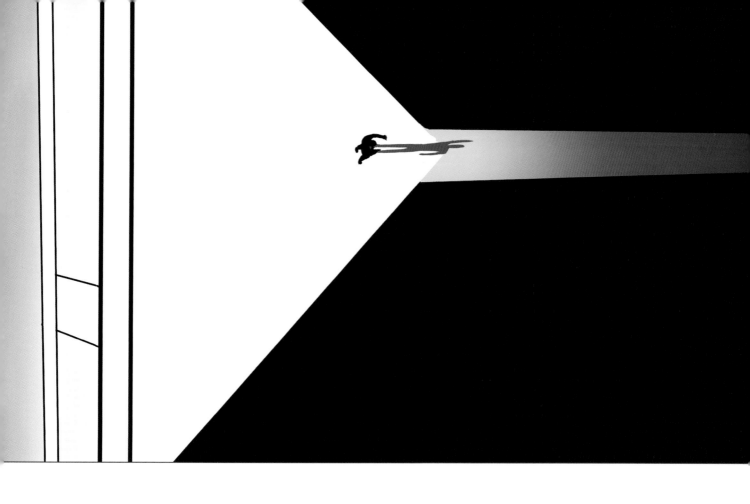

保證：「我已經幫你遮住了。」然後我們三個人便放聲大笑，我感覺很好，也談著出院回家一事。我們繞著迴廊走著，每一間病房都有人受著極大的苦痛或是瀕臨死亡，有些人哭著也有些人睡著了，每個人都因不同疾病而飽受極端的折磨。對於他們的苦痛我感到悲傷，一方面也很慶幸自己很快就能結束這苦痛的循環。

當我們回到病房後，我突然感到相當虛弱，猛然就倒在地上。他們將我攙扶到床上，並且將儀器連接到我身上，因為此時我的血壓正急遽下降。醫生後來診斷，昏倒的原因是嚴重的血液感染所致。我因身體彷彿一具焚燒著木材的爐子而猛然驚醒，但我的背部和雙腿卻

有種奇怪的感覺，當我看到自己躺在冰床上時著實讓我悚然心驚，因為它喚起了我多年前得傷寒時躺在冰床上的景象。但是現在的冰塊卻無法降低高燒，我的血壓突然下降到零，我聽到身邊醫生和護士間的對話，於是我了解到：我就要死了。

除了經歷死亡外，沒有別的時間讓我重整思路或是用心思考，我的思維和情緒急速飛逝，不再有恐懼與攀緣。我的一生就在死亡的這一刻展現。我的身體、名字、家人、朋友和我平時視為珍貴與重視的所有一切，此時都不再具有任何意義，內心只有一種平靜的感受。

要如何確切表達接下來所發生的事，真的

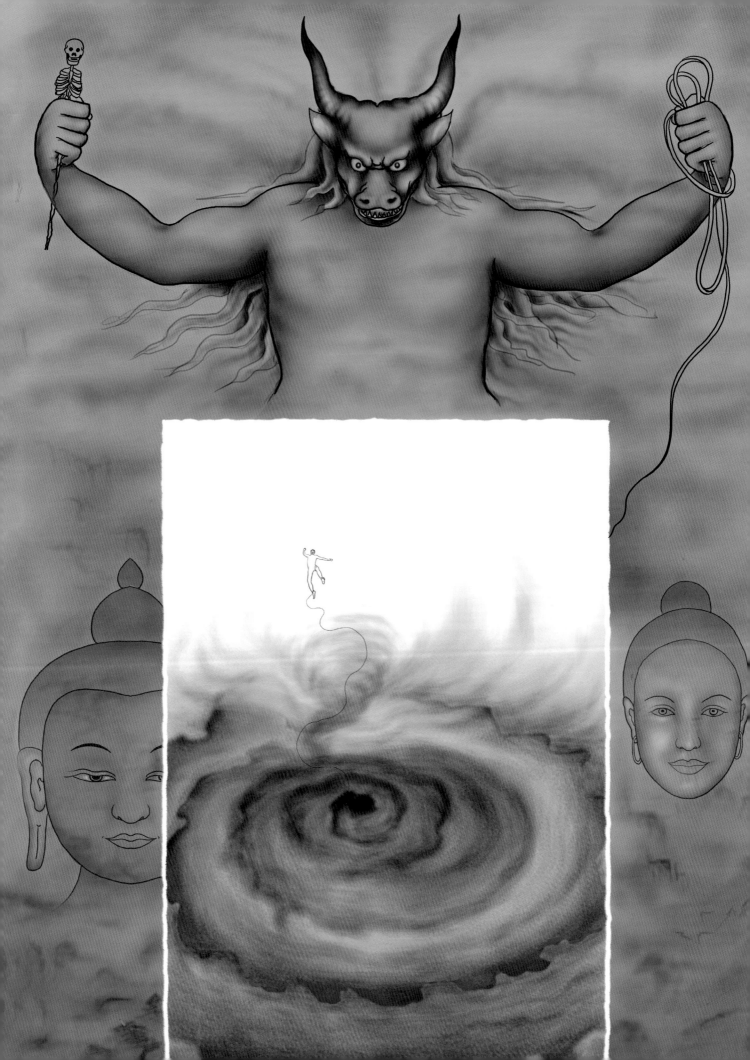

有困難，因爲我根本不清楚過了多久的時間，之所以無法說出，是因爲所有時間與空間的概念此時都不復存在。突然間，我感覺雙腿莫名其妙地被套上繩索，而意識同時往下降到地球與空間的深處。我曾經認爲的「我」已經完全從此塵寰中被移除了。

我在哪裡？這是我的幻覺嗎？這是殘忍的夢魘嗎？我死了嗎？

此時我不再有身體和感覺器官，因而無所適從。我看不到、也聽不見，但我仍然可以明顯感覺到一種周遍性的疼痛感；不完全是身體的疼痛，而是我正在經歷的所有一切。我終於明白，現在我來到了佛教所描述的「地獄」。會來到這裡，眞的是出其不意地令人難受。

我年輕時讀過幾頁但丁《神曲》的煉獄篇，卻沒有繼續讀完，因爲我推測那只不過是作者寓意的幻想。在許多佛教經典中，對地獄道有著非常詳細的描述，可是我讀到時總會跳開這些章節，因爲我認爲那些描述只不過是用來嚇唬鄉下人的宗教無稽之談。我的父母從來不曾和我談過地獄的概念，我也從來不去多想。

接著有位寂靜相的存在體（presence）出現在我面前，他半透明的身軀帶著火焰，還散發著仁慈、慈悲、寧靜與清明。我直到稍後才認出祂就是地獄的能仁（Buddha of Hell），名號爲「法王」（Dharmarāja）❷。

祂告訴我目前身處何方，同時也表示我並非受到處罰而來此，而是要由祂引領我來趟地獄之旅，我只是暫時的訪客。

對於這趟地獄之旅，大家一定要了解，其實並沒有佛對我說話，當然也沒有「我」、沒有上下方位，也沒有空間和時間。但爲了讓大家能夠了解這難以言喻的景象，我必須使用我們凡俗世間的語言與意象來表達，否則別無他法。

那時的我感到既寬慰又尷尬。感到寬慰是因爲有此福報能讓這位聖尊來迎接我；而感到尷尬是很顯然的，我來到了人們口中所謂的「地獄核心」。我從未想過自己有一天會來到這樣的地方。

正是因爲這份令人難以啓齒的羞報尷尬，直到過了將近十年之後，我才有辦法講出這趟地獄之旅。

譯註：
❶ 此處作者並未詳述，猜測是指「三法印」：諸行無常、諸法無我、諸受是苦。
❷ 相應度脫六道衆生的無上化身佛，稱爲六能仁（Six Munis），分別是：天道能仁—天帝帝釋、非天能仁—綺畫修羅王（毗摩質多）、人道能仁—釋迦牟尼、旁生道能仁—堅淨師子、餓鬼道能仁—熖口天、地獄道能仁—法王。參考網址：普賢法譯小組「解密維基」（Decode Wiki, http://waterbel.diskstation.me/Decode_Wiki）

地獄的巡禮

下墮

沒有任何判斷，只有那一瞬間是明確的。有一種像是被猝然抽打的感覺，將分隔死亡與生命的那層面紗扯開，我的意識被急遽地拉入超越生命的領域中。如光束般的半透明繩索，先是捆綁住我的雙腿，然後再將我全身上下綑綁起來，於是我被猛烈地往前推進。感覺自己被扔往下方深處，此時沒有「我」，就像是墜入到無底的深淵中，感覺意識越來越往下沉……。

我死了！

我沒有眼睛可看、耳朵可聽，沒有鼻子可聞、舌頭可嚐，沒有皮膚可以感覺，……更沒有聲音可以說話。剩下的就只有先前對於那些感官與感官知覺的記憶。

雖然沒有眼睛可看，但卻有個世界顯現在我面前。我的意識從微小的光線逐漸展開，進入到一個由二氧化硫所構成的浩瀚宇宙中。這是一個另類的世界，與被我拋在身後的世界截然不同。被燃燒的肉體散發出令人無法忍受的氣味，還有超乎想像的極端高溫與極度寒冷，這一切的一切都讓我的感官招架不了。

於此強烈的感受中，第二幅景象在微盪而陣陣的劇烈苦痛中生起，有扭曲的臉龐、蠕動的身軀、駭人的身體部位、潰爛的內臟、不具形體的

拇指與鼻子、遭受折磨的各種動物：有些動物已然支離破碎，我甚至能感知到螞蟻和其他昆蟲所受的極端痛苦。它們全部聚集而成為一股難以形容的巨大苦痛。面對如幻影般搖擺不定的景象，我無法分辨什麼是真實的、什麼又是虛幻的。

空間不再是平常我們所知的維度，既無上面也無下面，沒有左邊也無右邊，只有習於方向的舊習性還在，於是產生了一種不斷往下墜落的感受，但是實無地方可以落下。

於此混亂的微光中浮現了一位散發莊嚴光芒的聖尊。我無法辨別祂的性別，然而卻有一種無言的訊息傳達過來：「這裡是幽冥界，你被帶來此地作客，為的是見證、了解不同眾生的痛苦，尤其是人類的痛苦。」

我認為這位聖尊是地獄能仁，祂在地獄的沉重氛圍和不斷移動中以明光存在體的方式顯現。這份明光對我有一種令人鎮定的作用，我因而克服對此處的極大恐慌。

面前的地獄能仁充滿著慈愛，當此親切和善的光體將我拉近時，我感受到極大的慰藉，因為這如此難以想像的恐怖經驗之所以發生，是為了向我展示地獄的真正本質。而聖尊以指路明燈的形式展現，不但消除了我的恐懼，也為此虛幻的經驗本質帶來一絲清明。

從現在開始，我的知覺只能透過此覺醒光體──地獄能仁的巧妙智慧之眼來帶領，祂一直與我同在，而我們之間並沒有交談，祂只是讓我內心領會到其實我所見的一切都具有其意義。

在此莊嚴聖尊的帶領下，我開始了遊歷各層地獄的旅程。

近邊

這其實是難以解釋的，我姑且稱它們為「層次」，否則我不知道該如何稱呼，我以「層次」這個詞來形容在同一時間內所發生的種種不同現象。但是所有的地獄卻同時在同一個空間或非空間中存在。若說地獄各個層次和其他層次分別存在是不正確的，然而我實在無法以文字言語來適切地表達我所見到的一切。

就如我眼前所顯現的，地獄的範疇不是一種層級系統的存在，也就是說，並非有一個領域往上或往下連接到另外一個領域，接著那個領域又往上或往下連接到另一個領域等等。地獄的所有領域似乎都存在於同一個空間，而每一個領域又重疊在另一個領域之上。唯有以一般的空間概念才能夠確切說明分隔的地獄或是分隔的領域，但是假使我要談到所有的地獄，就必須得如此描述才行。

地獄之旅的入口處好像是在地獄道的中心，就位在地獄各層結構的交接處，而且不只是熾熱的地獄，還有酷寒的地獄。就像在它們之間有一塊中間地帶，這塊中間地帶似曾相識，仿如我們的星球；然而，在那兒的體驗卻和在塵世大相逕庭。在這些中間地帶裡，熾熱地獄和酷寒地獄的特性相互貫通，就如同共存的平行次元。

在聽到極大的抽吸聲響後，我的意識被拉進並通過一道中央管徑，接著在我面前展現的是廣闊無垠的地獄景象。地面全是冰晶，外緣則冒著藍色炙熱的火焰。所

有的一切都是火熱的，同時亦是凜冽的，所有的一切都點燃著地獄之火。在凜冽結冰的廣闊大地下有著無以計數、形形色色的地獄眾生，他們有的已乾枯為冰塊，但同時卻又燃燒著火焰。

地獄世界既駭人又令人欣慰。之後我回想，最初的體驗事實上是相當吉祥的，因為我是掉落到地獄能仁的手掌中。由於同時感受到面前的火與水的本質，我的心中生起一種「不二」的體驗，因而不再執迷地視一切為二元──自我和他人、色相與空性、輪迴與涅槃。而這份了解，乃是我在地獄能仁引導下得以穿越地獄的支持力，同時也是任何身處凄涼地獄的眾生得以解脫的催化劑。

熾熱地獄無法透過任何一般的運輸方式進入，諸如走路、開車或是航行，而是只需藉由心念的選擇就能移動。一旦到達各地獄交會的邊界便可用此方式移動，地獄能仁則為我引介熾熱地獄裡的現象與眾生。

在遊歷的過程中，地獄能仁屢次以多種樣貌示現，例如：在幽閉恐怖的環境中，祂化現為空間與光明；在全然凍結的荒地中，祂化現為溫暖。我逐漸適應了自己在地獄的事實，透過佛手的碰觸，我的意識感官重新恢復，然而祂的樣子也出現了變化。祂先是以完美無瑕的光芒顯現，既非男性也非女性，接著更清楚地

顯現為具有光暈的光體，然後再變成周圍有火焰的灰色、陽剛身軀。我此時也能體驗到每個地獄眾生所感受到不斷迫近他們的厄運，最後我開始對這些眾生生起一種不帶情感的慈悲，而不會再去藐視或厭惡他們。

廣袤無邊的地獄當中居住著無以計數的眾生，他們是真正處於汪洋苦海的受苦眾生。每一位眾生所受的苦全是源自、反映他們的心理的概念和想法。事實上，地獄眾生所受的苦，乃是他們在世時心理狀態的一種續流，即便肉身死後仍然存在。

那些眾生會進入地獄，是在他們臨終時對一生總計的結果，不論他們在世時具有什麼樣的行為、念頭、信仰、欲望、清明或蔽障的串習──這些都會在肉身滅去後依然存續。即使這位眾生已經亡故且無肉體，但其意識卻會一直相續，並依然受苦於主要的串習。而由此積習已深的心理概念便創造出一種地獄身：鼻子、手臂、雙腿雖然都湊合在一起，但卻無法保證最終能有正確的身體結構。

儘管這些眾生早已死亡，在某個時刻還是會從他們原本所處的地獄身中脫離，然後投生到另一個界剎中。地獄能仁正是為此而來與他們相處。祂的心識並不受地獄的限制，而祂之所以選擇留在該處，純然是出自悲心，以期幫助眾生找到方法而最終脫離這個看似永恆的悲

慘境遇。

在剛抵達熾熱地獄時，我感覺好像進到了一個大到難以置信的炙熱火爐內。一般人的身體是無法承受並存活的，因為熊熊的烈火燃燒著誰也無法忍受的熱度。四處充滿著熾燃灼熱的紅、藍和黃色的火焰。然而這種「熱」比較像是一種隱喻，因為對此熱度的體驗事實上就像是在地獄。雖說這是一種隱喻，但它同時也是一種物理現象，儘管皮膚受到灼傷，卻沒有燒毀而依舊存在，所以會被一而再地燃燒。燃燒的痛苦永續不斷，卻永遠也無法習以為常。

燃燒的痛苦來自這片無地平線的地域之上、之下，乃至四面八方。無量的眾生身處於遍地的火焰中持續受到燃燒，有些正在熔化，卻又好似從未熔化或燒盡；他們周而復始地重覆被熔化、燃燒，又熔化、燃燒……。

我很快便明白了一個道理，那就是會下地獄的必然特徵，完全在於過度的「自討苦吃」，以致把意識打入一個看似永無止境的循環中。

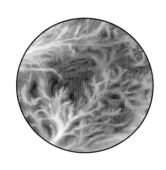

除了燃燒的火海，還有極大的擠壓，讓熾熱地獄眾生感到最糟的是幽閉恐懼，因為他們永遠無法解除痛苦，也不能逃入無意識的狀態。這裡的每一個眾生都已亡故，所以怎麼可能會失去意識呢？地獄的慘狀就是永無休止的一再持續。雖然無量的地獄眾生彼此推擠對方，但卻又感覺各自是分離的。然而其他所有無量的地獄身又推擠

著自己的地獄身，並且與自己的身體一起燃燒。

盛怒充塞著整個空間。所有的人皆將自己的痛苦完全歸咎於他人，致使整個地獄道沸騰並燃著熊熊的怒火，完全被憎恨氣息所淹沒。他們並未本著「人溺己溺」的精神來團結一致，完全沒有！反而互相遷怒，處在一種持續的惱怒、幽閉恐懼和壓迫的狀態之中。在如此瘋狂的反饋循環下，由於他們全都怒火中燒，於是產生更多的熱度，熱度回升又更進一步壓縮空間，到了簡直令人窒息的地步。眾生之間彼此互看都不順眼，以至於周遭的空間被無情擠壓。空間的逐漸壓縮，更使得時間感延伸為無量劫之長。

矛盾的是：他們彼此雖緊緊地擠在一起，卻又是分開的；更令人詫異的是，地獄就像是一個由所有地獄眾生組合而成的巨大存在體。由於他們陷入「苦惱與痛苦皆屬個人」的觀念中，因而無法看到每一個地獄眾生都是由在世時的苦痛、瞋怒與業果所組成。因此，即使地獄的整體塞滿了無以計量的眾生，即使他們都屬於這整個令人恐懼的地獄存在體的一部份，但卻感到自己與其他眾生是分開的。

熾熱地獄的幽閉恐懼

由於感受到地獄能仁的牽手引領，我才能夠穿越這炎熱難耐的廣大燃燒深淵。那片地形事實上是由燃燒的身體所組成，許多嵌入火焰山中的大、小身體好似冒著熱氣泡的岩漿；就像火焰山那樣，在火焰城市中燃燒的建築物完全是由燃燒的物質所來。儘管如此，熾熱地獄的眾生仍然堅信他們的身體是血肉之軀。因此，他們所體驗的就是肉體的燃燒、骨頭的熔化，以及血液因蒸發而凝固。這些感受如受酷刑，極端不尋常，而且也永無減緩的時候，因為他們永遠不會失去知覺、不會死亡，只是反覆地一直被烘烤、油炸、煮沸……。

哀呼聲與喘息聲此起彼落地充斥著整個地獄空間。身處地獄曠野中的眾生被落在身上的燃燒火球和熔岩所壓碎，他們驚惶的四處奔竄，但是當周遭一切的物體皆在燃燒時，又能逃到哪裡去呢？熾熱地獄的習性身眾生融入熔岩中，成為如同殭屍石頭的紀念碑。來自四面八方的高溫造成此處眾生越來越多的壓力，因而結合成最極端的妄想症與幽閉恐懼症。

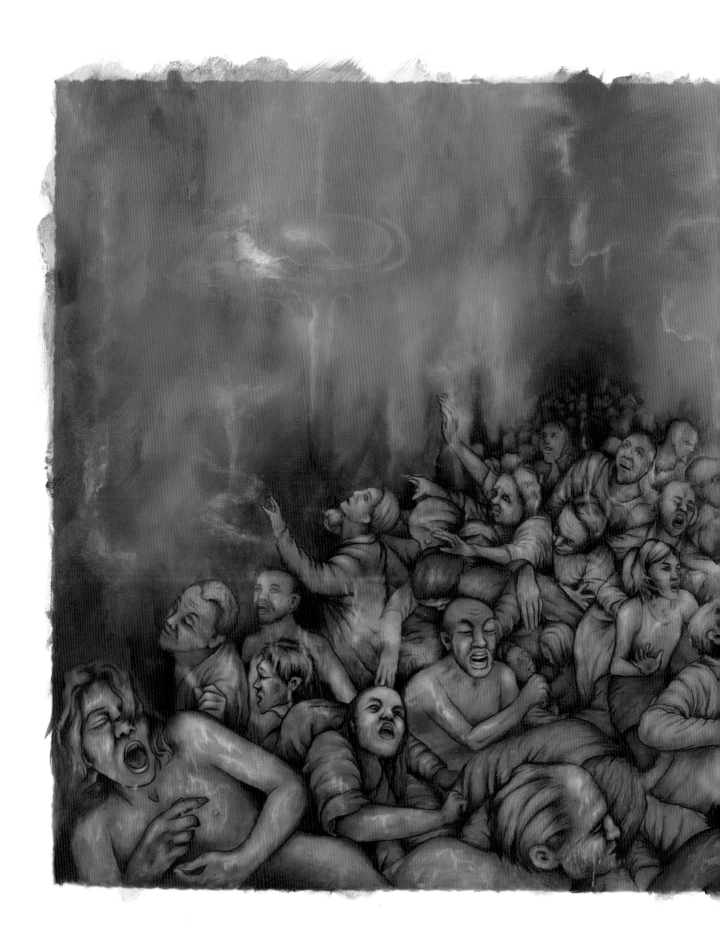

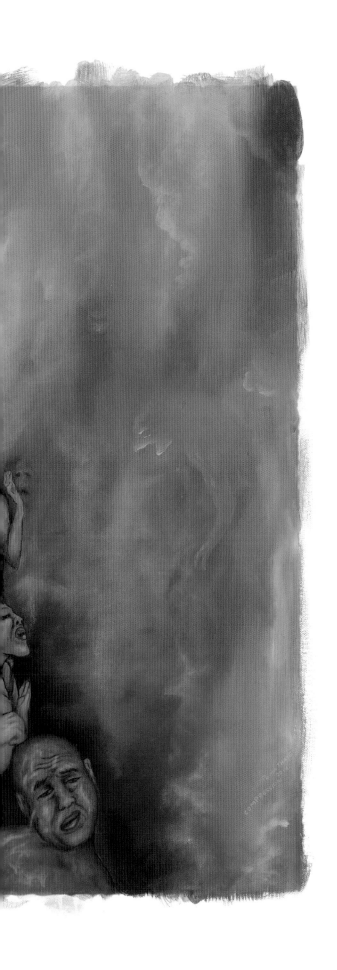

所有的眾生別無他求，只希望一切能夠告終。然而情況卻永無止盡，因為在地獄中，一切的一切幾乎是恆久持續的，雖然不完全是永恆的，但卻非常、非常地接近永恆。

簡單來說，熾熱地獄的現象就是：所處的環境全是難耐的高溫，其程度可以從難耐的熱，到難忍的炙熱，總之任何人都無法承受。這種不可避免的混亂，來自有如太陽閃焰的強風，是永無休止的。沒有相等程度的飲水或涼風，更甭提會有相等程度的空調，根本沒有任何能為身陷此處的眾生帶來舒適或緩解的東西。高溫、幽閉恐懼、擁擠、極端悲痛與絕望的程度皆難以估量，就其擁擠程度來說便已難以想像，遠遠超過各種眾生——人類、動物、餓鬼所能承受的最大極限。他們都受困於各自的習性身中，苦痛難耐，同時又對自己所受一切感到憤怒。不斷恐慌的氛圍因越來越強的烈焰和熱浪所攪動，他們對自身的受困越是感到憤怒，溫度就會愈加升高，變得愈加炙熱。

剛開始，為數如此眾多的地獄眾生著實讓我有點不知所措，漸漸地我才能夠依次辨別各個眾生。雖然每一個眾生皆視自己為獨立與孤獨的個體，但在我看來，他們實際上全都是某個較大存在體的一部份，而那個較大存在體或許曾有一度為某個由量如星系眾生所組成之更大存在體的一部份。

自殺坑道：奧瑪（Omar）

此時在地獄道的邊緣，突然出現一個火焰的深坑，當中有個進入的裂縫，就好像是逆轉的烤爐，從外面吸進火焰，而不是透過燃燒而產生火焰。火焰被吸入自殺坑道，而這個入口是給那些相信透過結束自己生命便能一死百了的人。

有無數的人們因嚴重的情緒困擾、疾病纏身、精神錯亂或無知等原因而選擇自我了結。然而他們的身體與心靈卻完全不能協調，因為心對生死的本質尚迷惑懵懂，以致求生的本能受到壓制，由此而導致一場和自己對決的極端「懦夫博弈」❶：「我應該繼續受苦嗎？或者，我應該自殺嗎？活著只會增添更多的愁苦與羞愧。假使我自殺了，就不會再有『我』去感受痛苦，而那些鄙視我或哀悼我的人也不再為我存在。」

這些想法就像是惡魔般，一邊奚落你、一邊又說服你：「自殺是明智的抉擇，它可以解決所有的問題。」自殺者的推理能力退化到認為：所有的好、壞現象都會在他們呼出最後一口氣時完全消失殆盡。

然而出人意料的是，聽任自殺的衝動只會帶領他們直接前往熾熱地獄的深淵與坑道。

並非每個自殺的人都是會直接進入坑道的可憐人。有少數自殺者刻意犧牲自己的性命來利益他人，像是戰士為了讓同袍或是無辜的百姓活著而犧牲自己的生命；還有那些罹患末期疾病的人透露，為了不讓摯愛的人因他而受苦，也希望在離世前能保有一絲尊嚴，因此他們選擇安樂死。這些自殺的代表人物通常了解生與死是相續的，每一次的死亡都意味著一個新生命的開始，每一個新的生命也意味著一次的死亡；他們不會陷入一廂情

譯註：

❶「懦夫博弈」（game of chicken）簡單來說就是一種「不怕死的人最大」的邏輯，常見於政治、經濟的競爭遊戲中，膽子大、敢賭命的人往往能獲得最大利益。

願的想法，因而能夠了解所做決定的嚴肅性。

　　反之，對於那些出自絕望或困惑而選擇自殺的人而言，他們在死後會先落入一種空無的狀態，沒有任何感覺。這是因為他們所做的決定讓自己暫時失去知覺，起先是無意識地躺在死神的魔爪下；接著當死神的魔爪開始捏碎並咀嚼他們時，才會使他們猛然醒來。

　　他們曾經具有的情感，因為不再有粗重的肉體來做為削弱或容納它們的緩衝器，所以在離開世間時變得更加強烈。負面的感受以及黑暗的念頭恣意馳騁，心也成為更加嚴重的問題，完全超乎此人所能想像的程度。

　　死神對這些念頭與感受垂涎並格格地咬著牙，死神的喉嚨是熾熱的火口，將這些眾生吸進地獄亡魂的恐怖坑道中。長久以來，所有狂亂的眾生受困於絕望地獄火焰的混亂環境中，其以微紅的橘色和藍色的色調顯現，並被自身與他人瘋狂爆發的恐慌、懷疑和無盡的悲痛所縈繞。遠處迴盪著爆炸聲與極端痛苦的哭喊聲，然後又是更多的爆炸聲與啜泣聲。

　　在這條自殺坑道中，沒有一絲可以逃離的希望，更別奢望能得到片刻的休息。認為死亡

能夠結束一切苦痛的癡心妄想，現在卻變成了永無止境的怪誕實景。

接著我們來到一個擠滿地獄新進者的交接處。這裡的男男女女都以為自己將要進入天堂——那裡有著百花盛開的花園、流水潺潺的小河以及華麗舒適的房舍，到處洋溢著喜悅，還會有著永駐的青春和感官的欲樂正等著迎接他們這些「聖戰士」的到來。

然而他們卻大錯特錯。

由於他們心中懷著愚蠢的熱情和怨恨，深信唯有靠著暴力才能摧毀與他們觀點不同的異教徒，如此他們所信奉的真主才會給予他們奢侈的回報。他們在世時不是自願就是被迫攜帶著炸彈，在公共場所中透過恐怖攻擊來炸毀一大群被他們視為仇敵的人，而在執行任務的過程中也犧牲了自己的性命。他們天真的認為：這些大屠殺的行徑就是自己通往天堂的入場券，同時也確信在不朽的天堂中，將有美麗、純潔的處女與之相伴；而那些女性炸彈客則被允諾將有著永恆的快樂，並可以對曾經有負於她們的人施加報復。

這些炸彈客以走路或開車的方式衝撞無辜的孩童、婦女和男性群眾。他們腰間纏著爆裂物、鐵釘或是其他的尖銳物，汗水濕透了他們焦躁不安的身體，散發出一種像是含有硫磺糞便的惡臭味。狂熱的妄想讓他們誤以為自己的行徑是英勇的——透過犧牲自己性命將他人炸得粉碎，或是以尖銳物刺穿、摧毀他人，是一種最神聖的殉難。對這些虛妄思想的信念就和他們的汗水一樣惡臭刺鼻。在地獄這塊屬於他們的特別角落中，就在他們迫切等待進入天堂的同時，所有的一切都彌漫著他們世間汗水的惡臭。

然而卻沒有真主來迎接他們，也沒有處女來服侍他們。因為摧毀敵人是無法獲得快樂的，畢竟這裡是地獄。但是由於他們仍然緊抓著心中固執的期盼不放，認為自己的所作所為將獲得褒獎，因此心中不斷反覆投射出所曾犯下的瘋狂罪行。當他們漫無目的地兜轉而繞過彼此時，會出現他們曾經所殺對象的幻覺，以便自己能再度謀殺對方。

由於受困在地獄裡，他們唯一能體驗到的就是不斷被炸成碎片的撕裂劇痛，並且不斷成為自己的敵人，再被自己炸成碎片、炸傷或炸死。在這個自殺炸彈客所專屬的地獄中，並無死亡可以終結暴力的循環。每當他們被肢解時，身體各部位的分子便會重新自動組合成新的敵人、新的自己，因而一再體驗到突如其來的爆裂炸彈，並且燒灼著他們的心、肺、腦。

因為不知道他們所謀殺的人事實上就是自己，因而他們持續不斷地引爆炸彈。每一次，都有出其不意的恐怖等待著他們；每一次，他們都會忘記幾秒鐘前所學到的；每一次，他們又重新燃起殺戮毀滅的習性。

這一部份的地獄是極為黑暗的。對這些自殺炸彈客而言，光的閃現只在彈指之間，在死亡時，他們與敵人結合為一體，但這也只是他們自己的投射。他們所炸掉的自己與自己所妄想憎恨的人聚合，因而產生稍縱即逝的光芒，接著所有的一切立即化為漆黑的一片。這裡的漆黑其實比一般只憎恨自己和他人的懷恨者所處的地獄還要黑暗，因為一般懷恨者只會有怨恨的念頭，卻不會將憎恨訴諸於武器。

而這種自我摧毀和謀殺的愚蠢行為背後又是什麼？對神的那種極端、狂熱的信仰當初可能是以虔敬做為開端，後來卻轉變為毀滅性的暴力。無庸置疑的，這是神一點也不樂見的，因為這只是狂熱主義份子為了滿足自我所聚集之最腐敗憧憬的幻覺，但卻以為這是出自對神的敬意。事實上，他們將自己和他們的神混為一談，這些狂熱信徒因而成為惡魔，宣說著你所能想像的最窮凶惡極的觀點。

我偶而會遇到這些被炸得粉身碎骨的男女炸彈客，因為他們在炸毀周遭人們的同時也炸毀了自己，其結果就是一團血淋淋的混亂狀態——加害者和被害者的手指、內臟、眼珠和心臟被炸飛，但又聚合、重組在一起，因為這兩組身體部位的碎片被混在一起，又被錯置而重新組合，因此爆炸者與被爆者雙方皆感到大惑不解。

正當我對所發生的狀況也感到疑惑時，其中一位「施爆者」——奧瑪

向我述說了他的故事。

奧瑪在世間將人們炸為碎片後，以為自己將會直接上達天堂。但是他對於自己反而來到地獄深淵感到憤怒不解，不僅如此，他的身和心不斷地和被他炸成碎片之人們的身和心混合，但他是如此地痛恨這些人，因而如此只會讓他愈加氣憤，便愈渴望將他們炸得粉碎。

在人道的塵世中，奧瑪篤信他的行為是正義的，並且也會以英雄的身份受到迎接而到達天堂。他對狂熱領導者所鼓吹「應譴責叛教者和信仰其他宗教的異教徒」的布道教義深信不疑。他開始相信自己的信仰體系是人類唯一的救贖，人們必須轉而信仰那種見解，否則一律格殺。

要徵募奧瑪其實相當輕易，因為他才剛被診斷出患有影響心臟內壁的惡性腫瘤。雖然得了不治之症，誰也不曉得還有幾年或幾個月的時間可活？不論如何，他很快就被說服：天堂之樂將比在醫院或困在自家床上受家人照料這樣苟延殘喘的日子要好過得多。

他對自己被判了醫學死刑感到憤怒，認為這是不公平的，因而開始歸咎周遭世界對他的不公平——這是他的訓練者向他指明的。受到對這世界負面觀念的影響，他發展出一種絕對、極端的信念，並未注意到這是訓練者在所謂「倡導和平之宗教」背後所狡猾掩飾的假

象。因而他毅然決定，他死也要做為一個受人愛戴的烈士，而不只是個癌症的統計數值。

在地獄這裡，奧瑪再三講述他對迫害、不正義、報復的狂熱想法，那種「殺死」所有靠近者的思維模式在他每次引爆時又被再次活化。但事實上卻沒有人死掉。所有的人——包括奧瑪在內，只會感受到自己遭人四處用力猛擲的苦痛，接著和一群人重新結合，又再開始一遍。他恨透那些異教徒，他們也同樣恨透了他。但他們全都被混在一起許許多多次，因此在他和他們之間是沒有任何差別的。

奧瑪出生在沙漠，當他的家人跟著駱駝商隊行旅時，母親死於分娩。商隊領導者的妻子於是收養了他，在第七天時將他取名為「奧瑪」，意思是「生命」。

那些說服他做自殺炸彈客的人，就是社區中的長老，他們將自己鄙惡的生活方式描述為所有人類社會的樣板，在稍加潤飾後，此種說法就更顯得誘人。所有在社區中的人們分享等量的食物，因而沒有人會餓肚子；犯罪率也相當低，不當的性行為幾乎前所未聞。鮮少有不順從的女性，因為她們絕對會被當眾施以極端的嚴厲懲罰。奧瑪對於真正信徒兄弟間的同志情誼和歸屬感相當滿足，因而很樂意為他的朋友們捐軀。

一而再、再而三地……。

惡神的下水道：姆巴亞‧莫亞（Mbaya Moja）

我們穿越不死燃屍的山谷。在某處，山谷變窄，成為一座噴出臭氣的火紅深谷。深谷接著變成充滿沸騰糞便與腐爛頭顱、眼珠、耳朵、手臂和腿的坑道。這些頭顱都還活著，雖然與身體分開，但是每一顆頭顱都可以感受到身體不同的部位，包括被切斷的神經、血管和動脈加劇的疼痛，還有當肉體腐爛時產生的隱隱作痛。

地獄眾生的嗅覺靈敏度相較在世時的還要高上一萬倍，而味蕾靈敏度則高達十萬倍。這些悲慘的眾生只能體驗到持續流過他們嘴巴和鼻孔的沸騰糞便。這些流動的糞便讓他們幾乎窒息，正如水刑般，創造一種持續溺死的感受，而他們也總是處在溺死的邊緣，雖然想要大聲呼救，但嘴巴裡總是塞滿著糞便，不論如何，沒有人能夠幫得了他們。

從污穢物流出的沼氣偶爾會產生爆炸，瞬間就把頭顱和身體燒得焦脆。沸騰糞便的「施肥力量」也總能夠將身體各個部位恢復成完整的生命。

就在我快被這股惡臭熏昏時，我聽到一個溫柔的聲音告訴我：「你必須去看一看。」

因此我便探頭觀看，現在我能夠看到每一顆頭顱都和他們過往曾污辱過男、女同伴的事件有關，而那種污辱的態度好似對方是沒有感覺般，有顆頭顱的經歷就寫在臉上，於是我傾身向前以能仔細閱讀。

這個男人叫做休馬利，出生在中非蒼翠繁茂叢林的小村莊中，村莊具有得天獨厚的資源：有多樣豐富的水果和根莖類植物，也有大量可供狩獵的動物，還有無窮的潔淨飲水。父母慈愛地養育他。從商的父親常教導他一些人情世事，在休馬利青春期前，就已經帶他遊歷過國土中的村莊與城市，甚至還造訪過鄰近的國家。

就在一次的首都之旅，休馬利和他的父親遇到一個危險狀況。有一群叛徒攜帶槍枝和燃燒彈在街上鬧事。此時，他的父親要他立刻遠離市中心並前往河邊。就在兩人逃命的途中，其中一名叛徒抓住他的父親，並將他推倒在地，不但搶走所有的財物還無情地朝他的頭部射擊，致使他立即斃命。這位男孩受到極大的驚嚇，眼中含著淚水繼續往前奔跑以保住性命。

當他逃到首都的市郊時，赫然發現自己竟然已被一大群叛徒所包圍，他們恥笑並奚落男孩所流下的淚水。因為害怕會被對方所俘虜和奴役，他成功逃走了，回到了村落，向大家描述父親慘死的過程，卻保留了自己曾被羞辱的秘密。他心中醞釀著怒火，並開始密謀他的復仇計畫。

幾年後，當時曾經在首都作亂的叛徒團體成為國家的合法政府。殺害休馬利父親的那個人現在則是新政權的將軍。這位年輕人也去參與從軍，經過一段時間後，他成為軍士。

休馬利集合一群同樣也對新政權懷有怨恨及不滿的軍士和普通士兵，並暗中策畫要發動一場政變，但是對外卻佯裝效忠於他們的長官和政府。就在革命的第十週年紀念時，這群已經增長至將近百人的群體突襲總統府，弑死統治者、部長和將軍們，其中也包括了當年殺死

休馬利父親的凶手。

休馬利終於為父親的死亡及自身的恥辱報了仇。聞著被害人的血，讓他興起一種想完全掌權的新欲望。由於受到同胞的擁戴，休馬利任命自己為國家的新元首，還替自己取了一個頗為威嚇的名字：姆巴亞‧莫亞（Mbaya Moja），意即魔王（the Evil One）。他允諾將會清除過去這十年來殘酷統治這片土地的所有同胞。新政府所組成的軍隊進入了前一任政權領導者居住的行政區，並且有系統地滅絕所有十歲以上的男性；而六歲至十歲的男孩則被帶到姆巴亞‧莫亞擴大的軍隊中，教導其使用兵器和演練暴行並訓練其成為軍隊的一份子。

隨著時間的推移，姆巴亞‧莫亞的心變得越來越麻木不仁，他不僅對妻子沒有愛意，對孩子亦然。對他而言，家人只不過是他權力欲望的點綴品罷了。在他慶祝執政二十五週年的紀念會上，一群叛徒突襲他的王宮並且屠殺了他、他的家人、部長們和行政官員。就在那天，他來到了地獄黑暗的坑道，而他本人就如同是下水道的糞便般。

姆巴亞‧莫亞對待人們的方式，就好像對方只是塊一無是處的肉。這份冷酷無情，讓他待人毫不寬容。正因如此，他自身凶殘的業力習氣，使得他在地獄裡感到自己猶如一坨遭到丟棄的屎，顯得微不足道又毫無價值。

大屠殺魔王：姚魔怪（Yao Moguai）

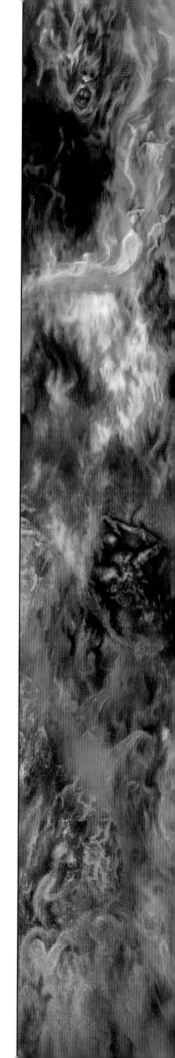

地獄的眾生以各種方式和其他眾生相連，因此他們經常會成群結黨的聚集在一起；至於如何組合則取決於他們活著時，之間曾經有過什麼樣的互動。

不同幫派的首領居住在某個區域，也繼續著他們逞凶鬥狠的習性和殘暴謀殺的手段。雖然他們很清楚自己已經死亡，也確實身處地獄之中，但是因為從事惡行的積習甚深，以致他們從來不曾想到要悔改。他們繼續恣意妄為，就好像自己還沒死一樣，並且仍然對他們的受害者頤指氣使。

其中有一個幫派的首領叫做「姚魔怪」，少時即已拜當時著名的劍術大師——周大師習武。這位大師以其「格殺勿論」的冷血手段聞名，這是因為在戰場上，周大師會趁著武士還未斷氣前就切下他們的膽囊並從中汲取膽汁，也會定期調配一種強效的毒藥，其內就混合著膽汁、特定的樹皮和不同腐鏽金屬的產品。在每一次戰役開始前，他便會將劍鋒浸一下毒液，以便讓劍更具有雙倍的殺傷力。

姚魔怪不僅拜周大師為師，同時也拜求他完美精製的毒藥秘方。周大師答應收他為徒，但是條件是——姚也必須將他的膽汁混在毒液中；此外，他必須發誓絕不同情任何的受害者，也要對殺害他人絕不反悔。

姚答應了周大師提出的條件，並在一個新月的子夜舉行了拜師儀式。為了要收集姚的膽汁，周大師將劍放在燧石上磨利，飛濺的火花同時四射紛飛。為了讓姚在接下來的嚴酷考驗中能夠存活，周師父口中發出喃喃的咒語，然後將燒紅的鐵劍迅速地刺入姚的腹部，他所流出的膽汁與血液很快就被收集起來。因為姚曾發誓「絕不同情也不反悔」，而他也從未違背過他那邪惡的誓言。

後來姚成為中國南方封建領主（諸侯）李王公旗下的一名士兵。過了一段時間後，他就以熟練的刺殺手法令人喪膽，他取人性命就像廚師在廚

房切下魚頭般毫不費力。不僅他要刺殺的對象怕他，他所謂的盟友亦然；即使他的領主李王公極爲賞識他的能力，但也必須處處提防，因爲姚能夠毫無預警地背叛他。

當李王公年老而再也無力統治時，他準備讓長子襄王來繼任。襄王曾屢次對父親抱怨過姚，說他雖然劍術十分高明，但卻相當冷血，不僅殺害鎖定的對象，甚至連無辜的家人與鄰居也不放過。襄王不信任姚，姚也同樣的鄙視襄王。姚十分清楚，一旦襄王繼位，他就會遭到放逐或被處死的命運。

一夜，姚偷偷潛入宮殿，盛怒之下的他不但弒主，同時也將襄王一家血洗滅門。次日，姚魔怪就直接宣布自己成爲新的領主，沒有人膽敢挑戰或質疑如此凶殘的姚。他在軍中掛帥並以自己的方式訓練他們。然而他的野心當然不只是當個小小的領主，而是征服各地的領主且自立爲王，他甚至將軍隊發展成當時最凶殘的殺人機器。

姚是個粗俗又不懂世故的人，他厭惡有教養、有學問的貴族階級，甚至也鄙視那些所謂的修道之人。姚之所以如此凶殘，其實是爲了掩飾內心的極度自卑，因此他執意要摧毀任何能讓他想到所謂天人合一、天地相融之玄奧思想、知識、社會的人事物。他的見解非常單純，認爲就只有塵世的物質世界存在，任何和上天有關的觀念都全是十足的謊言。

正因如此，在征服廣闊領土的過程中，他除了殺兵弒將，也殺害所有的耆老和聖者以表彰他的觀點，並且下令焚毀所有記載智慧的書籍，另外也褻瀆、摧毀所有神聖的藝術品，取而代之的是他個人的肖像畫。

中年時，姚開始大興土木來建造自己未來的陵墓。工人在開挖洞穴時，造成的土石崩塌奪走了上千條的人命，可是在他眼裡看來根本只是小事一樁。陵墓中不但有姚的大型雕像，另外還刻有他所暗殺的將軍和他們軍隊的雕像。他還讓史官記載了他的豐功偉業並刻在石頭和金屬上，然後再拓印到特別的樹皮上製作成冊，藉此讓他的事蹟可留名青史，保存至未

來好幾個世代。

死時，他那經過防腐處理的屍體被放入他巨大人形雕像的墓穴中，然而他的意識卻往地獄而去。雖然他進入地獄時是個獨立個體的地獄眾生，他的邪惡勢力卻如此強大，大到足以將過去的仇敵和盟友都一併吞噬到他如地獄般的權力陣營中。

就在抵達地獄後不久，姚就驚恐地發現一個令人震驚的事實：他正處於自己過去所遇且慣於大聲指使以待的眾生當中，他突然意識到，他身體的每一個部份——從皮膚、眼睛、牙齒，到體內的整個器官，都是他曾經放逐、奴役虐待或暴力謀殺的人們；所有極端鄙視他的眾生組合成現在的他。在姚了解到這一點以後，他不由自主地感到恐懼，因為他的存在——不論是每一次呼吸、每一種感受、每一個念頭，全都是由各個憎恨他和他所憎恨的人們所構成；他和他們之間甚至連一根頭髮的距離也沒有，組成他身體的眾生無處可逃，而他也無法擺脫他們。結果就是：他們全都待在一個巨大的憎恨體中合而為一且密不可分，直到無量劫後……。

活人的魂魄：白銘樹（Pak Minsu）

我們繼續漫步至另一座山谷，谷中四處散落著看似為磚塊、工業廢料的東西，以及形狀如蛇和蝙蝠的肢解人體。整座山谷有著如塵世一般的柏油馬路，但路面卻是由緊壓在一起的身體所組成，創造出一種令人顫動的瀝青。馬路上時時有著由扭曲變形的男女地獄身所成的車輛疾駛而過，輪胎也是由地獄眾生所構成。車子轉彎時，他們就會被車軸磨得十分痛楚，他們快速地在驚恐的活屍路上疾行。整個空氣中彌漫著有毒氣體和酸性液體所排出的有害惡臭，硬生生的把瀝青眾生和車輛眾生的身體燒出一個又一個的坑坑洞洞。

這條由僵屍所組成的高速公路通往一座看似被毒雲吞噬的大城市裡。地獄能仁伸出手，並且用手中的水將我的意識圍住，我頓時感到一陣清新舒暢。這個令人寬心的保護層讓我得以進入地獄城市，而不致被險惡環境所嚇壞。

燃燒的酸雨傾瀉而下，形成吞噬居民的水坑和溪流；有毒的水偶而以激波的方式濺灑在眾生身上，留下侵蝕性的化學灼傷，然而他們卻無可逃避，必須承受這難忍的灼熱與疼痛。

具有強壯上顎的巨型地獄紅蟻從四面八方竄出並蜂擁而至，抓狂似地爬過僵屍居民的身體。牠們焦躁不安的下頜喀嚓作響，大聲啃食著眾生受到強酸侵蝕的傷口，並且飢渴地吸吮所滲出的毒液。每一隻紅蟻將所食的強酸立即轉化為氣體，從肛門噴出超級強烈的火焰，將高溫和有毒的蒸氣瞬間增強為更恐怖的大火。

這時我發現遠方有個身影從其中一團氣爆處逃出。就在我眼前，他被炸成了碎片，血腥的習性身散落於路面和樓前。他身體的每一個部份皆痛苦不堪，因為它們並未死去——每一個部位都具有完整的全息意識❷，因此不僅個別部位感到極端的燒灼之痛，所有部位的聚集也同樣感到每一個部位所累積的劇痛。

接著我觀察到，這個悲慘眾生的所有身體部位又重新連結，創造出一個驚恐的幽靈。此刻，所有的部位回歸原位，於是我被帶向前去與他會見。

譯註：
❶全息（holography），意指：在每個被分割的片段中都含有全體的訊息。

　　對方表示，他在塵世的名字叫白銘樹。很顯然地，他最近才剛去世，因為他還不知道自己已經死亡，而且對於這個城市的荒誕現象深感困惑。他並未意識到這個特有的環境正重覆不斷地攻擊他。每當他的地獄身被炸成碎片時，他只能體驗到疼痛，卻無法記得先前就已一再發生過無數次相同的狀況。這就像是某些景象似曾相識的離奇轉折：看似曾經發生過的事情並未真實發生過。同樣的事情不斷發生，然而他不僅毫無印象，也沒有從中學習到任何教訓。死後，他的習性力量倍數增長且緊緊追隨著他，創造出一道迷妄的鏡廊，在其中，他的精神折磨一再以多維空間比例的方式，殘忍地強迫復現。

　　銘樹甚至沒有察覺自己有所不知，但他卻能由直覺得知，事情錯得相當、相當地離譜。

　　銘樹在世時既富貴又享有特權，他是家中唯一的子嗣，家族世代不是金融家、銀行家，就是會計師。他具有天生的數學稟賦，對數字尤其著迷，特別是附加在數字前的貨幣符號。在他從商業學校和頂尖工業技術學院畢業後，家族的銀行企業便竭誠歡迎他的加入，並安排他負責避險基金的業務。年輕的銘樹設計出一套預測政局對不同市場影響的複雜程式，果然這位金融神童為他的公司和自己迅速累積了大量的財富。

　　銘樹不只是位金融奇才，更是一位夢想家，除了具有創造的本能，也有著為自己賺取財富與聲名而實現獨特創造力的決心。他的才華和想像力搭配著貪婪和野心，成功地結合人工智慧和機器人，設計出一種可以成為理想勞工的自動化技術。

　　當白銘樹將他的設計藍圖呈現給家人和公司執行總監時，得到了他們的誇獎與讚歎，也非常興奮自己不但能獨吞利潤，還能省下可能支付的更多勞動薪水。在強迫自己勤奮不懈的幾年後，他終於研發出一種具有人工大腦的完美仿人型機器人。第一批原型甫一上市就大為暢銷。這個機器人是如此聰明，與銘樹的智慧簡直不相上下！他將機器人命名為「奇葩」

（Chip，亦作「晶片」之意）。他望著「奇葩」良久，感覺好像找到了知己，眼中不禁泛起了知音難覓的淚水。

他們共同計畫，期以合理的價錢生產可供給勞動和智力的各類機器人，而它們的工作範圍包括了卑微的、危險的、醫學的、研究的……，其可能性是無窮盡的。銘樹和奇葩兩者皆以機器般的效率努力工作著，第一座工廠在第一年就製造了成千上萬的機器人，成效令他倆十分振奮，他們甚至幻想要創造一個完全生產機器人的城市，並建立一隊讓人類和機器人合作的智囊團。

他們花了超過二十五年的時間來營造這座城市，這座城市後來成為世界的重鎮，各地的金融家、技術員、高知識分子和工程師集團皆被吸引前來此地發展。但是就像生活中常出現的型態一樣，有利就有弊：最初的美麗城市，現在變成了汙染嚴重的城市，因為在製造機器人的過程中產生了劇毒的汙水和氣體，不只汙染了用水也汙染了空氣。雖然人類和機器人同樣深切關注此問題，工業領導也一再出面保證將努力解決，但奇怪的是，就是無法想出有力的對策。然而城市中不同的企業要擴展業務，需要雇用更多的人和機器人，也因此使得全城籠罩在令人窒息和致命汙染的濃霧中。

同時，白銘樹晉升成為全球的首富之一，也娶了世界上屬一屬二的美女，孩子們也都各個少年有成。他就像一位待在帳房內的國王般，當他以數據掌握所屬的金庫，並且發現自己擁有無窮的方式可投資並累積更多的巨額財富，那就是他最快樂的時刻。他仍然住在他所打造（並且汙染）的城市中過著極其奢華的生活，以他所擁有的財富足以移居到世界任何一個地方，但真相是：他的城市所帶來的汙染已經透過風雨飄揚到世界其他地區了。

有一天，當銘樹走出他高聳的辦公大樓時，空氣中積聚的毒氣被靜電點燃，剎時火風掃過整個城市。巨大的隆隆聲在他耳膜中作響，他拔腿瘋

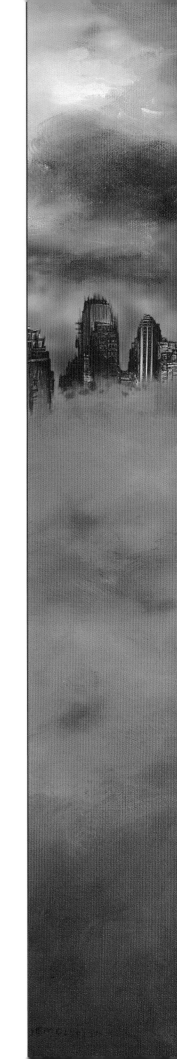

狂地奔跑，在他周遭的人群就像是被烤過的蒼蠅般一個個紛紛掉下來，機器人亦被燒毀了。他發狂似地從焚燒的風和令人窒息的雲狀物中努力爬過人類和機械人的身體，步伐卻開始變得蹣跚，時間彷彿變慢了，他感覺自己正陷入那一堆身體當中。

多數的居民都被燒死，成千上萬的機器人則毀損到無法修復的狀態。銘樹曾經高昂的智力，此時卻無法了解他自己的智慧結晶——卓越的機器人之城，如何毀了他和其他許許多多的人。他的意識變得絕望而昏沉，但他仍繼續想要逃離死神的凶狠，於是他奔跑、被炸得粉碎，又再次奔跑、被炸得粉碎……。他無法突破這個由自己所創的迷妄，而我則開始慢慢地離開此處，也對剛剛所目睹的奇異景象感到困惑不解。

狂怒的巨人：莫莫·卓羅（Momo Drollo）

當我們抵達通往地獄巨人區的燃燒岩漿之橋時，一個截然不同的情景正等著我們。這個區域遍布著毒氣，氣體因燃燒而顯現出灼熱的藍灰色，並且持續散發著雲聚狀的硫磺蒸氣。

每個巨人皆高大如山，他們集體顯現為綿延至四面八方的眾多山脈，而且各個表情驚恐，口中則不斷傳出痛苦的哀號聲。

當我更靠近觀察時，看到每個巨人身上皮膚燒毀後所露出令人驚駭的景象：裡面不管是血管、動脈和肌腱，都是由無數的眾生身所組成，而這些狂亂的眾生正試圖拚命地要從他們所構成的巨人身體中逃走。

巨人的每一個器官中都有著更多的眾生在裡面，他們也嘗試著想要逃脫。但是要從什麼逃出？又從哪裡逃走？不只是循環系統、淋巴系統，連消化器官當中也聚集著許多的眾生，而器官本身也是由長得像是那些器官的眾生所組成。

血球是眾生，食物、半消化的大量濃稠食糜❸以及排泄物也是眾生，體液還是眾生……，所

譯註：
❸ 食糜（chyme）指的是食物經胃液消化後變成的漿狀物。

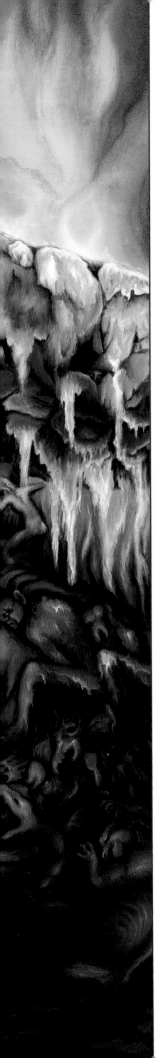

有的一切都緊密相連。巨人可以體驗到全體小眾生的疼痛，小眾生們也能體驗到巨人所有的疼痛；因此這樣的劇痛模式就持續不斷地反覆循環，並且激烈運作。一而再的恐慌，使得這股劇痛也逐步無限遞增……。

我暫停下來看著其中一位奇怪的巨人。她看起來脾氣相當暴躁，但她的哭喊聲聽來卻像是憔悴老奶奶的呻吟。這個巨人低頭看著我，眼中充滿著恐懼，她對我表示，當她還在世時，是個叫做莫莫‧卓羅的女人，她是雪域高山上一戶遊牧人家的女兒，幼年時就被許配給兩位兄弟，他們教她畜牧的技能。雖然她也協助牧放犛牛和修剪絨毛的雜事，但她主要的工作是在夏季時為犛牛擠奶、攪拌奶油、做酸奶酪、奶油和發酵的烈酒。由於她做事非常有效率，因此這兩位兄弟對她的表現非常滿意，而她也為他們生了幾個孩子。

但是當莫莫‧卓羅年紀漸長，她開始對自己的生活越來越不滿意。當她看到有個富有的商隊經過時，她心中的不滿達到頂點。她嫉妒地直瞪著商人的妻子們，她們有著光滑的皮膚、發亮的頭髮，耳朵和脖子上還垂掛著重重的金子和綠松石。雖然莫莫‧卓羅還不到四十歲，但是和她們相比，感覺自己就像是個老人，不但有著被太陽曬黑的臉孔和深層的皺紋，衣著上更是平淡又無奇。商人孩子們的穿著光鮮亮麗，臉龐則散發出健康與潔淨的紅潤；而她的子女臉上盡是汙泥與鼻涕。看到這戶享有特權又被細心照顧的人家後，她感到既卑微又貧困。

即使車隊已經在眼前消失無蹤，距離她住的山谷也好幾百里了，但是這一幕卻成為她心中揮之不去的陰影。她開始播下對自己生活怨恨的種子：為什麼她沒能出生在富貴的商人家裡呢？她開始鄙視她那必須跋涉山丘以放牧粗野動物的邋遢丈夫。晚上，他們其中一人會抓住她取暖、發洩，他們身上所發出來的氣味也直讓她作嘔。

莫莫‧卓羅再也難耐她所醞釀的怒氣，變得更加苛刻且不肯配合，甚至開始遷怒滋養她的無辜牲畜們。生命對她不再具有意義，過著憤怒生活

的她，總會不時隨口脫出憎恨的字眼，並將所有的人視為仇敵，當中也包括她的孩子們，無論他們怎麼做都看不順眼。

有一天，較年長的丈夫和兩個兒子在帶著一小群犛牛前往市集的路上，被毫無預警的突發雪崩給淹沒。她一滴眼淚也沒流下，但內心的怨恨卻與日俱增，並將這場災難全都歸咎於她死去的丈夫。莫莫・卓羅的餘生只是不停抱怨自己的歹命，並且一再重複地敘述給所有她遇到的人。

然而大多數的時間她都待在火爐旁，當她的家人一個個因為疾病或意外而死亡時，她就處在自怨自艾、尖酸憤怒的情緒中。他們的死一點也沒讓她改變，反而只讓她更怨恨自己的不幸。服喪期間，當地的僧侶試著安慰她，希望她能振作起來，但是她卻咒罵著趕走他們，並且在他們背後大喊他們的教法根本是胡說八道！

因為莫莫・卓羅雇用了幾個男人照料她的牛群，因此她的食物與絨毛來源並不短缺，她也能換取大麥和糖。因為無法對他人敞開胸懷，她只能打開嘴巴把食物塞進去，一直不停地吃，最後因體重過重，罹患了糖尿病和肝膽病。

有一天她發現糞便和唾液中有血，開始感到非常不舒服，因為膽汁和血液混在一起，因此嘴巴和肛門感到刺痛。在生病了幾個星期後，她再也無法排便，感覺肚子裡就像是有個無法移動的固態水泥塊。

某個清晨，她想要如廁，於是走到田野之中，卻因膽汁阻滯的結腸脫垂，以致失血過多而死。與她一廂情願的幻想相違，莫莫・卓羅並沒有出生在富商之家，而是在如此屈辱的死後，當意識再度甦醒時，她已成為地獄中奇怪的巨人了。

過渡：珍娜・蘇菲亞（Janna Sophia）

地獄能仁繼續帶著我穿越正在燃燒、融化的山脈，這些山脈屹立於全身燃燒卻求死不得的無量地獄眾生之上。

幾道熔岩在山脈四周如河川般流動，更增添此處眾生的炎熱壓力，這股壓力蹂躪著他們，讓他們無法招架。具強酸的霧氣籠罩四周，使人幾乎無法一窺全貌，只能聽到極度恐慌的尖叫聲，這樣的景象、味道與聲音讓我感到異常難受，以至於很難再沿著這條燃燒的山路走下去。

接著地獄能仁做了一個手勢，我看到祂大悲的體現出現在火焰中，形象為猶如本尊的年輕女性。當這位女性本尊走近時，她和四周的火焰好似形影不離。和能仁不同，她散發出紅色的色調，儘管偶爾會隨著地獄眾生的活動而映現出其他的顏色。

一開始時，她出現在熙來攘往的困惑地獄眾生上方，憤怒又驚恐的他們在推擠與尖叫聲中，被各種不同的折磨刑具四處牽動。她的臉龐和溢滿淚水的雙眼充滿著悲傷，擔憂這些受困於此不停燃燒曠野中的眾生。能予這些眾生慰藉的她雖然就位在上方，但眾生卻過度陷於自身的痛苦、恐懼以及對其他地獄眾生的暴力相向中，因此他們只是在那兒四處奔波著。她

像是一位年輕的慈母般，看顧著眼中每一位正在受苦的孩子，極力安慰並試圖減輕他們的痛苦。

不論身為地獄訪客的我感到多麼迷茫，每當我憶念起她時，她便與我的心意相通。她向我指出，雖然這些眾生受困於自身的憎恨與瞋怒中，卻也能透過慈悲和關懷的傳達，讓他們獲得慰藉。對他們而言，這位女性本尊是熾熱光輝的指路明燈。然而我卻因她所顯現樣貌的性質無異於周遭的地獄火焰而無法看清她的外形，那麼，能量完全被其苦痛吞噬的地獄眾生是否甚至能瞥見她呢？雖然她的仁慈總在那裡，但由於其如此細微，多數眾生往往很容易就忽視她的存在，一想到此就讓我難過不已。

正當我對她的名字感到好奇時，她馬上就告訴我，她叫珍娜・蘇菲亞。很顯然地，她與地獄能仁的本質無二無別。珍娜・蘇菲亞現在是我穿越不同地獄旅程的另一盞明燈，她總是默默地關心著我，在我需要幫助時，立即會對我伸出援手。

在知道有這麼多眾生在受苦、卻鮮少有受苦者要求或希望被幫助後，她的淚水和我的淚水彼此交織著。這些眾生的體驗讓他們自己完全不知所措，他們只是在地獄旅程的不同階段

中移動著。

　　這些過渡的空間，我們稱之為中間或中有地區和地獄的外圍邊緣，是非常特別的，因為其本質是與人道的回憶相互對照。在此空間中，地獄能仁提供明燈，以期能喚醒眾生，讓他們從地獄投生到善趣。從地獄能仁手掌中心浮現的對立性質現象——譬如水火俱生的樣態，指示著眾生要從個人前世和此生地獄的習性陷阱中覺醒。

困境：賈克·尼日（Jacques Nil）

有個地獄眾生被困在寒、熱地獄之間的交界處。當他一看到我時便非常熱切地告訴我他的故事，以及他為什麼對身處如此恐怖的地方感到苦惱。

　　他叫做賈克·尼日，生前曾經過著非凡且愉悅的生活。在世時他享受著各式的美味佳餚，並且得意洋洋地駕駛每隔幾年就換購的德國或義大利的汽車。在白天，他只關心全球政局和智力上的辯論。他和時髦的妻子感情很好卻又經常激烈交戰。當孩子們無聊的把玩著 3C 產品時，這對夫妻則依據各種不同的心理分析、哲學觀點與後現代思潮，持續好幾個小時熱烈地討論彼此的信念和對美學的熱愛。

　　賈克對於精神追求毫無興趣。隨著年紀漸長，由於死亡的必然性，他開始沉思有關存在的問題。他知道，儘管目前所從事的活動相當令他滿意，但是他卻對個人存在的理由感到困惑不解。當他想像自己離開世間時，什麼都帶不走而只會覺得了無意義，便對此感到憤怒。究竟所有的一切是為了什麼？

　　賈克表面上依舊保持著充滿活力的生活態度，但內心卻被這個無解的煩惱折磨得心神不寧。只要一想到他的生命可能會如此結束，就讓他覺得沮喪，但他也無法想出其他的對策。除了他的孩子和孫子外，他完全不在

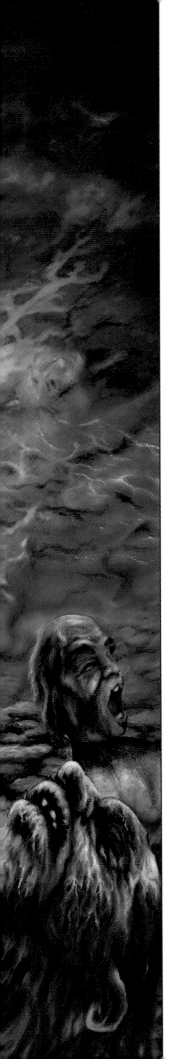

乎要怎麼繼續生活，畢竟他終究會死，身體也會化為塵土，曾經擁有的一切屆時都會隨之灰飛煙滅。

身為受過科學教育洗禮的現代人，賈克也確信人類的生命只不過是化學和電子反應的集合體。「心」只不過是大腦的物理活動；就和其他人一樣，他認為這是一個無可爭辯的事實。生命就是個意外，人類和其他生命都是從無到有的，也以同樣的方式消失：噗地出生了，噗地死掉了，砰的一聲什麼都沒有了，就是這樣。這種「無」的感受讓他內心有一種時不時的焦慮感，但是他卻從未表現出來，也從來不會討論或試著改變這種感受。

當賈克大限已至，在醫院斷氣後，屍體馬上就被送入電子火化爐中。現在應該什麼都不剩了，不過他卻發現仍然有個「我」的身分，這讓他非常震驚！賈克再也找不到可以做為依靠的肉體，但諷刺的是，他卻仍對「所有一切都是由物質組成」的這個概念有著很強的執著。賈克把自己現在所處的地獄困境視為是大自然無情的捉弄。他拒絕接受這個殘酷的事實，開始變得越來越憤怒。

他覺得地獄眾生的種種行為都是要激怒他，他真的痛恨死他們了。和他們困在一起的感覺就像是一種持續、永無止盡的煩躁反應，這是一種不斷點燃、又再點燃的化學燃燒，毫無中斷的可能。若由世間的時間推算，賈克已經投生在此熾熱地獄中數百年、數千年、甚至數百萬年了……。被迫和其他眾生互相混合便是讓他持續惱怒的火種，彷彿每一次的碰觸，都會在他內心中產生化學反應，讓他更加痛恨他們。他不斷被此激惱而怒火中燒，就像強酸和其他化合物混合時會受到點燃，接著燒灼。

賈克相信這極端熾熱的化學反應將會永遠進行。當他變得更加憤怒、更加難過時，地獄的體驗就讓他變得越發灼熱、越發感到幽閉恐懼。恐慌控制了他，他唯一的希望就是幽閉恐懼和恐慌能夠讓他昏倒、失去意識。

然而事與願違，在地獄中根本不會有中止的一刻。

賈克的負面思維習氣是如此堅固，以致把他困在這個過渡的狀態中——從某個認為的堅固實相移動到另一個。賈克本來深信人類生命只限於粗重的物質，但是這種堅定不移的信念卻在他進入地獄時被完全扭轉。首先是困在他對人道的概念，接著是困在地獄道的概念，這顛覆了他原本期待死亡時能夠逸入一種不復存在的狀態，現倒反而被監禁在另一個永無止境、好似燃燒的痛苦循環中了。

我試著想和賈克交談，但卻忘了我沒有肉體也沒有聲音。地獄能仁接著出現在我身旁，以彈奏不同音調的弦樂樂器來為我發聲。不知怎麼地，我的心進入了聲音當中，這讓我能夠和賈克溝通，並且試著讓他注意到能仁的示現。賈克聽到了音調，卻不但不把那當作一種溝通，反而對那聲音產生反感，以為那又是另一個刺激他的來源，因而我的努力完全徒勞無功。他開始氣我，也氣他自己，因為這完全沒道理——這些都超乎他可以理解的任何一種邏輯、推理或科學。

由於我所嘗試的方法無效，因此我轉而懇求能仁和賈克溝通。於是能仁以樂器的音階長度之聲顯現一首優美的原始歌曲。相較於物質生活的一般感受，這首毫無瑕疵的天堂曲調是如此精妙絕倫，但令人遺憾的是，它還是超出了賈克可以理解的能力。

假使他能夠只是去聽，而非侷促不安地感到厭煩，或許就能夠找到離開地獄的秘密。我只能祈禱，那些重複的音調能夠在某一天滲入他的心靈，使他和與他類似的眾生精神為之振奮。即使對那些只相信物質的眾生而言，非物質或許是能讓他們解脫的唯一契機。

墮落的天神：梭亞（Surya）

在寒熱地獄的交界處，有一位眾生看似對他的困境感到茫然又惱火。因為他的腳、腿和生殖器凍成了固體，而他的腹、胸、手臂和頭部則是被藍黃色的火焰所吞沒，面對這種狀態著實讓他不知所措。

他聲嘶力竭地大吼：「我不應該在這裡的！難道他們不知道我是誰嗎？」、「我是太陽神梭亞！我應該在天堂享有永恆的快樂生活，看看我現在在這裡做什麼？千萬年來，我一直受到人們的崇拜，其他的天神也尊敬我。我是至高無上的！」他沙啞地叨唸著：「這裡不對勁，非常不對勁！」

沒有任何人在聽他說話。梭亞獨自待在地獄的這一個區域，這是天神在天福享盡而死亡後所下降之處。其實在他的四周有著無以計量的昔日天神正痛苦地打滾著，但他完全視若無睹；正因為他覺得這些人只為自己著想，而不服侍他，所以對他們只有感到厭惡和鄙視。在他心中，自己是至高無上的，覺得被人忽視的憤怒只會讓他感受到更高的溫度和更多的痛苦。

然而我的出現卻引起他的注意，並示意要我看著他，當我同意而點頭時，他便開始述說自己的故事。

「在很久很久以前，我是一位深受富豪們所歡迎的石匠和雕刻師。我非常努力地建造神聖的建築，我的工藝技能可說已臻至完美，因此成為一位工藝大師。後來我發覺自己所創造的雕塑對我的金主和參觀者有很大的影響力，他們說我雕刻的神像看似如此完美無瑕，我一定是稀有、深奧宇宙秘密的傳人；許多年來，看到我作品的人都讚歎它們的雄偉壯麗，我開始想著自己是否真如他們所言。

「或許我最偉大的作品就是一座獻給迪瓦恩家族的超大型大理石神廟，這是由我最欽佩的一批資助人所贊助。上千名的男女也自願來幫我

共造這座令人讚歎的廟宇；他們非常歡喜地任我差遣，我的捐助者也樂意將他們的財富投入如此有價值的工程。

「許多年後，神廟完竣並落成於占星家所決定的夏至那一日。這些占星家建議，爲慶祝這一天，如果將此建築命名爲梭亞‧曼帝──太陽廟，會是最吉祥的。當旭日東升照亮神廟時，圍觀者對於我能創造出如此宏偉的建築發出驚嘆且深表感激。

「主要的資助人從觀眾席中站起來，發表了一篇演說，稱讚我天賜的靈感，並宣稱我是個非凡的石匠，並說事實上梭亞就是太陽神的轉世！此時群眾開始鼓噪高聲，歌頌我就是太陽神。

「我本來想衝上前去解釋：『不，不是的，我只是一名石匠。』但是一看到他們愉悅的臉孔及甜美的歌頌，我被奉承而感到飄飄然，幾乎顧不得自己，於是我站起身來宣示：『是的，我就是太陽神梭亞！而你們就是我的子民，這裡是我們的禮拜之處。』」

他告訴我，從那一天起，那個地區經常會有一批美麗的年輕處女前來供上最美味的饗宴，並且爭相滿足他所有的感官欲望。他的贊助人數大大增加，供養給他金山，還有其他貴重的金屬來建造更多偉大的寺廟以敬奉太陽神。

在接下來二十一年間，以他的名字興建了多達六百六十五座寺廟。每一間寺廟的信眾都因能擁有可敬奉太陽神本人的殊榮而感到高興。他們參拜的熱情達到了最高峰，梭亞已經超越了人道且被提升至天神道，不再受老年與死亡的制約。

──至少他是如此認爲的──

由於相信且接受強加於己的神話，以致梭亞能夠繼續享有神聖地位的樂趣。然而他必須不斷自欺欺人才行，他給信徒們越來越多荒謬的承諾，宣稱如果他們真正視他爲至高無上的神來敬奉他，他也將會提升他們至神聖、極樂和永生的層次。於是信眾們相信在自己死亡之日，梭亞將會賜給

他們所希望的晉升。

但是梭亞並非真正關心他的追隨者。他唯一關注的只是如何讓信徒的心燃燒，然後透過他們祈禱、歌頌和供養的能量讓他得以永保青春。

梭亞在天神道的放縱日子持續了好幾個世紀。最後，由於某個極為狡猾又背叛的行為，他的好日子開始消逝。

圍繞在梭亞身邊的年輕性感崇拜者中，有一位最美麗又最精明的女人叫做香德拉。透過她敏銳的觀察，她了解到梭亞是如何變成如此強大的神。她的野心更甚於梭亞，事實上她已經完全獲得女神的地位。因為她是梭亞最鍾愛的女人，其影響力當然也不可小覷，對於只當配偶的角色已不能再讓她滿足。她對權力的欲望變得更加強烈，於是開始策劃一項計謀。

她暗中收集在梭亞宮殿庭院裡那些多彩而泛著乳白色光的孔雀糞便，並從中提煉出孔雀吃下劇毒植物後在排泄物中含有的毒素，然後調配成致命的毒藥，如此就能讓梭亞一點一滴的慢慢吸收。她把毒藥加在梭亞的供品中、塗在他喝甘露與神酒的黃金杯子中，甚至還把毒藥滴了幾滴在梭亞喜歡舔她的身體部位上。

漸漸地，梭亞的神力開始衰退，太陽變冷了！現在香德拉取而代之成為了信徒和弟子們祈求的對象，因為參拜梭亞再也無法幫助他們了。

有一天早上，當梭亞步履蹣跚地穿越花園時，他頓時感到下腹部一陣陣寒涼，而心臟部位卻似火般燃燒，毒性已積累到他再也無法承受的地步，因而就此倒下，但他並非只是倒在地上，而是掉出天界外，直直地墜入無底的深淵……。

從天神道墮落的痛苦是梭亞無法想像的，因為他已經習慣於每個願望都能即刻實現，而且也非常享受尋歡作樂與源源不絕的天界之樂。現在被降為地獄眾生，他必須忍受永世不息的嚴酷折磨，並且在寒熱地獄之間永無止盡地徘徊。唯有等到他獲得珍貴人身，才能夠再次獲得精神上的成就。

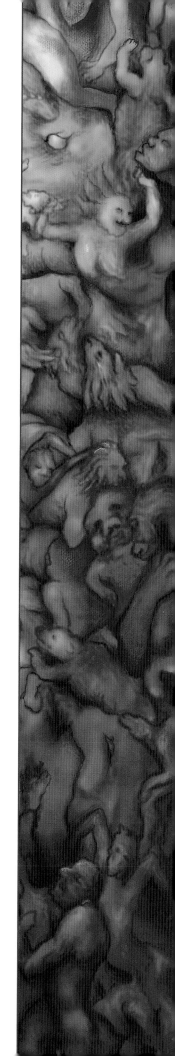

淒涼的寒獄：鈴木美喜代（Mikyo Suzuki）

從熾熱地獄的火口那裡，能仁在我身旁將我的心轉向酷寒地獄。我發現自己所在處既無天空也無地面，而是一片充滿煙塵的白色世界。緊接著，咆哮的風將我拉進冰冷的坑道。

我出現在一個看似世間的城市，只不過所有的建築物都是以冰、雪和冰凍的黏液所建造。假使有某個能與其他城市有所區別的極度蕭瑟城市，或許就是這個酷寒地獄的首都。與熾熱地獄的密集眾生形成

鮮明的對比，酷寒地獄是由無盡的空曠區域所組成，是個全然荒蕪的寂寞之地，當中每一位眾生都是孤獨、分離的。

在酷寒地獄中，雖然眾生看似被無盡的荒蕪空間所包圍，但是他們的思維模式卻是凝固的，事實上是凍結的，直到它凍得向內爆裂成微小透明的水晶碎片、不斷彼此割傷為止。當他們赤裸的皮膚因為強烈的寒風而龜裂時，他們的感知就凝聚在由此所生而令人折磨的潰瘍和水皰上。當受苦者單只專注於每一個傷口時，傷口又會自我複製，創造一種重複疼痛的幽閉恐懼，從一個水皰跳到下一個水皰，因而水皰成倍地複製著。這種恐懼看似永恆地複製自己，直到他們慣有的冷漠傲慢或其他非常低劣的思想耗盡為止。

這裡的眾生人數和過度擁擠的熾熱地獄一樣無邊無際；然而，他們卻感覺自己是完全孤獨的。除了刺骨咆哮的寒風外，我還能聽到怪異的嘎嘎聲，就好像有一堆牙齒正上下顫動著，但卻看不到有任何的眾生。

突然間，地獄能仁讓我把震驚的注意力轉向腳旁的虛弱女子，她裸身蜷縮著倒在冰冷的地面上；她竭盡全力地往上看，打顫地告訴我她的名字：「……鈴木……美喜代……。」

鈴木美喜代的處境相當令人難過。她在世時曾是個富有企業家的妻子，過著優渥富裕的生活，行事得宜，痛恨任何極端的行為或情緒，在

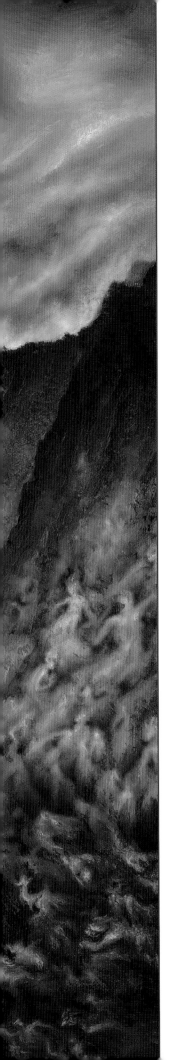

她死後，來到了最極端的嚴寒環境，沒有一丁點的衣物可以遮寒蔽體。

她試著舉起虛弱的手要接近我，看到她的處境讓我十分揪心，但我發覺自己卻無法將手延伸到她那兒。因為事實上我並沒有肉體可以伸手或碰觸他們；我只能聆聽這些地獄眾生們悲慘的故事，對於該如何幫助或安慰他們，我完全一籌莫展。

鈴木美喜代生前曾經是個社交蝴蝶，總是穿梭在她奢華的家中以款待無數的賓客，同樣也得到許多盛情的回報。因為丈夫經常出差在外，她只好藉由保持繁忙的社交活動來填補孤獨、寂寥所衍生的莫大恐懼感。儘管她看似十分忙碌，但對真誠的人情連結卻相當冷漠。就連她的婚姻也仿若是與陌生人的隨機交談。由於她膝下無子，所以死時根本無人問津。

她生前常與許多名流雅士往來。她記得有一對來訪的年輕男女──女方是一位楚楚可人的韓國人，俊挺的未婚夫則是韓國皇室的後代。他們是在一次宴會中認識的，閒聊中美喜代得知這對夫婦對日本文化的體驗興趣盎然。這位年輕的女孩告訴美喜代，日本的美學相當迷人，能夠以巧妙、深刻又精確的方式觀察所有的空間和物體。由於這對外國夫婦對她所屬語言文化的了解讓她深感趣，因此美喜代進一步邀請他們到家中作客，並欣賞精緻的骨董與裝飾布置。

他們的來訪期間倒也讓她解悶不少，這對夫婦還問了許多關於日本茶道和藝術方面的問題，美喜代得意洋洋地向他們展示精緻整修的假山庭園以及她的一些傳家寶。這對韓國人如此欣賞她的優渥生活方式，讓她備感愉悅。在他們告辭時，兩人向她恭敬地彎腰鞠躬，她也祝福他們的婚禮一切順利。

幾個星期過後，那位年輕的女孩獨自造訪，美喜代對此感到非常驚訝。兩位女人尷尬地寒暄幾句後，接著出乎意料地，女孩羞愧地向她坦承，她的未婚夫突然解除彼此的婚約。詢問原委後，她直言不諱地說出，男方因她懷有身孕而棄之離去；現在的她被困在京都，身無分文也無處可

去。女孩含淚地向她乞求：「鈴木女士，請您幫幫我！此刻我身無分文，我正等我的母親從首爾匯錢過來，這段期間懇請您讓我待在您家幾天好嗎？之前您對我是如此的親切……。」

美喜代目瞪口呆地看著這名站在面前的傷心女孩，但一想到這位韓國籍的女孩要待在她家裡就讓她感到害怕──鄰居會怎麼想？假如這女孩想要待久一點呢？想到這一點，她很快地就回絕道：「不，這絕對不可能的！而且我先生也不會允許，你必須去別的地方。」

這位年輕女孩悲痛顫抖著說：「可是，我實在沒有其他地方可去了！」

美喜代說：「那麼，我對此感到非常抱歉，但是你真的必須去別的地方。」她們的相會就這樣草草結束。當她把這位哭泣的女孩拒於門外後，心中卻是鬆了一口氣。

這幾年來，鈴木美喜代不時地會對那名年輕女孩後來的遭遇感到好奇，但卻從不曾後悔把她趕走，而且在她的內心也不覺得自己做了不道德的事，畢竟她當時也是別無選擇。

在丈夫去世後，她逐漸減少對外的社交活動，最後完全停止，但是她還繼續活著，而且變得越來越衰老，直到將近一百歲。她大多數時間都獨自待在家中，看顧財產、查看銀行帳戶的餘額。她告訴我，她對那種生活感到很滿意。

有一天，她的司機載她外出透透氣，她看到一個奇怪的景象：有一隻小狗穿越馬路，緊追在後的是一位幾乎和她同年的老太太，而她身上只穿著睡袍。美喜代厭惡地盯著她看，然後扭頭轉向別處；她內心完全無法領會──這位年紀和她相仿的孤獨弱女子或許正需要別人的幫助。鈴木美喜代的一生總是視而不見，漠視她所鄙夷的事物，甚至也鄙視映在鏡中的自己。

隨著年華老去，身旁的舊識也都相繼過世。她將司機解雇，獨自一

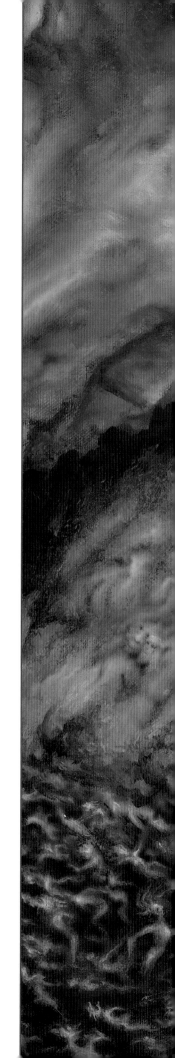

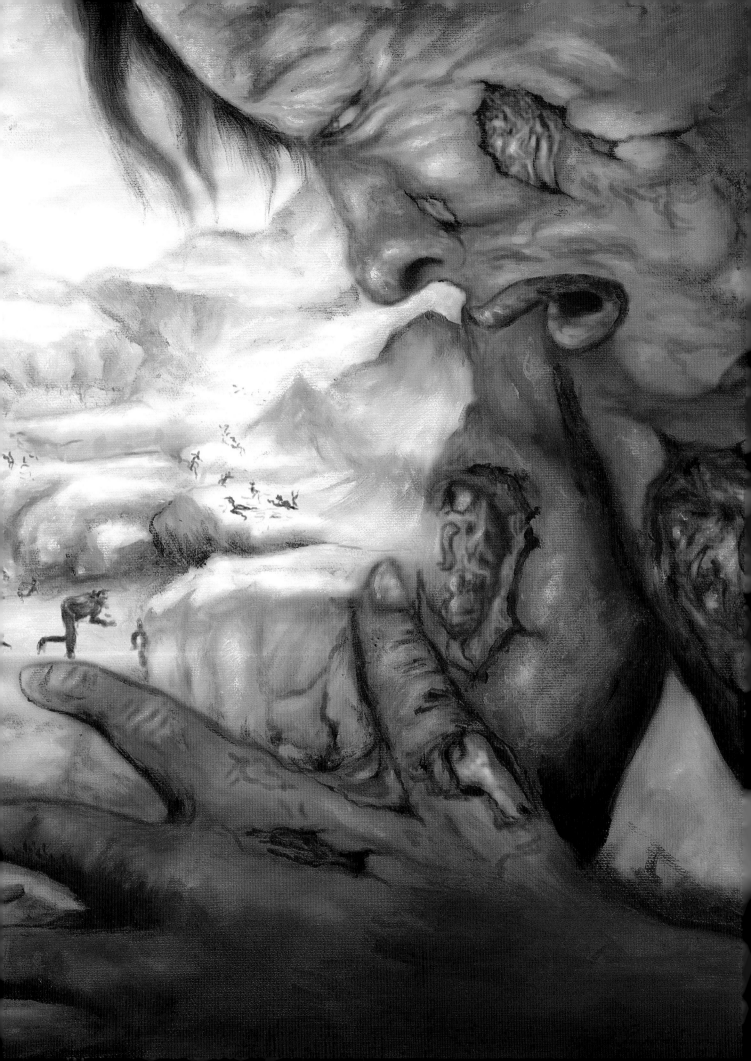

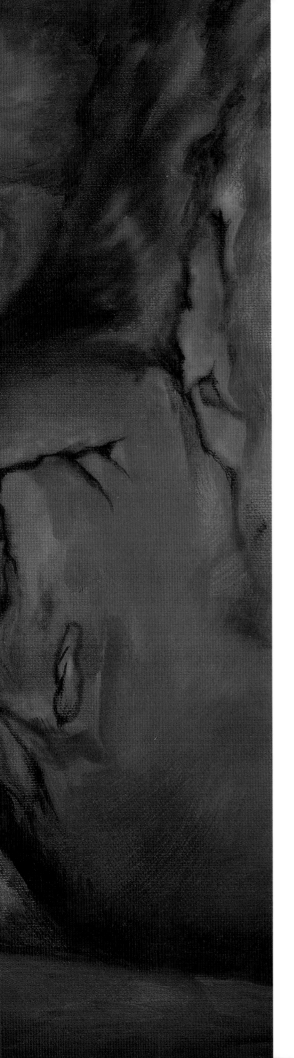

人待在家裡，只有偶而會蹣跚地走到附近的店鋪。在某個冬至的一場暴風雪中，死神將她帶走。她所雇用的牧師為她舉行了喪禮，而那一場儀式沒有任何人參加。

就這樣，她來到了酷寒的地獄，這裡根本沒有人會理她，當然她也不會理其他人。她待在這裡的時間長到令人訝異，儼然已過了好幾個世紀。她告訴我，我是第一個在這裡和她接觸的人。

她以顫抖的手，指著手臂上的凍瘡：「可以請您幫我治療傷口嗎？」她解釋說，那種疼痛是令人無法忍受的。當她剛到達這個地方不久，凍瘡便無預警地出現，後來不但沒有痊癒，反而愈加嚴重，還伴隨一陣陣的抽痛；很快地，她只專注在這個疼痛上。她深信一定有尖銳的冰晶插入她身體不同的部位，而這種疼痛日復一日地延續，且痛感也愈加劇烈。

疼痛早已成為她親密的夥伴，她甚至可以如數家珍地描述每一處疼痛的細微差別。她說，幾年後出現了變化，好像一個凍瘡裂成兩個凍瘡，而兩者間有如爆發戰爭般，它們以如利刃般鋒利的水晶冰柱凶猛互戰，讓她感到強烈的痛處 —— 刺穿、射傷、重擊、灼熱、爆發性的創痛；又隨著時間的推移，二個增為四個，四個增為十六個，十六個變成兩百五十六個……。無數凍瘡間的搏鬥衝突日益增大，全都痛苦得像在尖聲大叫。

現在，她的存在是由一個凍瘡當中的持續爭鬥所構成。她非常憤怒，因為她的世界空無所有，除了凍

瘡皰裂而加倍的痛苦體驗之外，也只有數著那些分生凍瘡的事情可做。她一而再地數著它們：「一個……二個……四個……十六個……兩百五十六個……。」就這樣持續不斷。

地獄能仁對我耳語：「這個疼痛是因為她習慣於堅持自我和周遭的生活面，以及別人和我是毫不相干的錯誤觀念。」當祂目光轉過去看著她的傷口時，由於能仁的慈悲，她的凍瘡就好了。

但令人心痛的是，美喜代的自我意識是如此的強烈，由於漠不關心他人的習性使然，她絲毫沒有注意到有人在幫助她。很快地，她錯過了她的數數兒，於是她又重新開始數著：「一」，此時凍瘡再度出現；「二」，凍瘡一分為二；「四」，……。就如同細胞分裂般，凍瘡一而再、再而三地不斷分裂下去……。

世界末日的機器：阿法納斯‧波波夫（Afanas Popov）

我們橫越凍結的巨大灰色晶狀山脈，並且經過幾乎空無居民的山谷。在某座渺遠的山谷中躺著一位巨大的地獄眾生，在他瘦長、爆裂開的身體上方盤旋著正在獵食的幽靈鳥，整個山谷迴盪著他所發出的咆哮聲，叫聲將山脈劃破成為星狀碎片，這些碎片穿越山谷，飛濺至酷寒地獄更深的幽谷中。他的地獄身是由其他無量的地獄身所組成，每個地獄身的每一塊肌肉、肌腱、肢體、手足、器官和內臟都是由扭曲的人形所組成——各自同時經歷著整個身體的疼痛，而由此結合的疼痛更甚於其各別部份疼痛的總和。

珍娜‧蘇菲亞向我解釋，這位巨大身軀的地獄眾生在世時是俄羅斯頗富盛名的物理學家，名叫阿法納西‧波波夫，他的朋友都叫他「阿法納斯」。他出生於聖彼得堡高知識分子的家庭，母親是醫生，父親則是經濟學家。

阿法納斯年幼時，對大自然的鳥類、昆蟲們非常著迷，對花草樹木也深感興趣；每當季節交替，新生的植物群和動物群出現，他都會感到激動不已。到了青少年時代，他開始研讀化學和物理，同樣也是頗有成就。他對有生命和無生命世界的物質組成有著非常深刻的了解，不但是大學裡的優秀學生，也常獲得各種不同的科學大獎。

在取得博士學位後，波波夫被政府選派參與了一項秘密的科學計畫，此計畫是在西伯利亞中

部一座隱匿建造的專門研究中心裡進行。他非常滿意這份工作，因爲他可以隨心所欲地進行自己想要做的研究。隨著時間的推移，他對時間、物質和能量有多項科學新發現；很快地，他成爲國內的首席科學家，也身兼國家石化產業、礦業和金融業的顧問。同時他也獲得巨額的獎金與殊榮，這包括了他在西伯利亞科學園區中的豪宅。他和俄國最大軍火製造業的寡頭政治家，斯坦尼斯拉夫·卡明斯基（Stanislav Kaminsky）成爲摯友。他們兩人都熱愛大自然，也喜愛在西伯利亞森林狩獵老虎和豹。

波波夫和卡明斯基非常憂心祖國的未來和他國的關係；也意識到鄰近的中國和許多伊斯蘭共和國的威脅，更別提歐洲和他們的盟國美國。這兩人都是渴望重建一個永不瓦解之榮耀蘇維埃帝國的國家主義者。在和卡明斯基對此議題進行多次激烈的討論後，波波夫幾乎再也無法思考其他事情了。

由於波波夫是國家所有科學研究的主導人，大權在握的他決定這是建造某種機器來維護帝國的時機，他有把握能藉此使其重振威望；因此他著手計畫一項終極武器——可以徹底摧毀世界的末日機器。這台武器不僅能摧毀一個地方或傷害一群人，而且在俄羅斯萬一受到威脅時，足以把整個世界炸爲塵埃、毀滅殆盡。

在波波夫心中，他把這個視爲一種善意的發明，因爲它能使俄國堅不可摧，也能讓世界井然有序。他只把這項計畫透露給他的寡頭政治執政家好友卡明斯基，也秘密安排在科學園區中進行諸多的小型計畫。數以百計的科學家日以繼夜的工作，以期能將他們完成的計畫呈現給波波夫。

波波夫建造了一間有如百座飛機庫般的大型實驗室，並將各種不同的組件帶進這廣大的空間中。在中央區域，有個擺放最終成品的巨型鑄金屬籠子。這籠子被放置在地底深處，而武器的不同零件就在這間金屬墓室中組裝。

當武器建造完成時，整個機器被緊緊包住，四周架構各種保護措施，

這樣才不會被敵人或未來的政府以任何方式干預。波波夫十分滿意這個由他的科學家同僚和工人努力製造出的壯觀保護機制。

多年之後，波波夫享受著舒適的生活，也搬回了聖彼得堡居住，不僅成婚也成為人父，過著一種小型寡頭政治家的生活。他深受學術界的權力圈歡迎。他的軍火寡頭執政好友卡明斯基後來也當選為俄羅斯的總統。

一年過後，中亞和中東許多獨裁統治的國家爆發了多重革命。在巴基斯坦，有一群兇暴的反叛軍占領了放置核導彈的空軍基地。他們看似是瘋狂的宗教狂熱份子，但事實上他們一點也不虔誠，只是藉由種族欲望而行使暴力，而且又在北印度的一個城市中引爆核導彈。很快地，巴基斯坦和印度進入戰爭，因為印度必須加以反擊。

受到巴基斯坦的事例所激發，一群和他們同樣狂熱的伊朗恐怖分子也控制了一枚實驗核導彈。就在以色列將三枚導彈部署於伊朗的一些城市之後，這些恐怖分子成功地把這枚導彈發射到以色列這個小國，幾乎將他們和巴勒斯坦整片國土夷為平地。於是第三次世界大戰便以上帝之名由此展開。

美國和歐洲被癱瘓，完全不知所措；歐洲和美國的街道暴亂連連。在車臣和達吉斯坦，恐懼散布者到處教唆他人進行摧毀；在中國新疆也傳出暴亂。全世界陷入極大的混亂之中。對此，卡明斯基總統和他的智囊團會面，裡頭當然也包括了波波夫。

卡明斯基總統向全世界發表聲明，假使有更多的炸彈在俄國被引爆，或者有國家膽敢向俄國宣戰，他將會引爆這台末日機器來消滅世界。他清楚指出為了緩和最後的國際緊張關係，這是俄羅斯送給世界的終極和平之禮。

所有的人和他們的領導者對俄國我行我素的蠻橫感到震驚。但許多人卻拒絕相信，以為俄國只是在嚇唬他們。在達吉斯坦，有一群組織嚴密的激進份子計畫測試卡明斯基的決心，也好趁機脫離俄國的掌控。好

幾年前他們從烏克蘭盜走一枚核導彈，於是他們決定向莫斯科發射這枚導彈。導彈成功地落地引爆，不但摧毀了莫斯科廣大的地區，也殺死了當時正在拜訪卡明斯基親屬的波波夫家人。四處爆發著混亂與懷疑。

波波夫深受形勢變化所震撼與驚愕，也對失去家人和朋友感到傷心欲絕。絕望中他作出結論，他自己或任何人都沒有再活下去的理由。因此他毅然決定啓動這台末日機器，以便爲自己與他人的損失畫下句點。所有的一切將被摧毀、化爲烏有，因而不再有人受苦，這個就是唯一的答案。

於是他回到了諾維‧克拉斯諾亞爾斯克（Novy Krasnoyarsk），他坐在末日機器的操縱裝置前，等待接收卡明斯基傳來的密碼，以及不同將領和艦隊司令的啓動確認。然而波波夫卻是最後的仲裁者——他緩慢地舉起手來。

正當他準備按下這「末日按鈕」的同時，卻被保護此設備的士兵開槍擊斃。

眼前空無一物，所有的一切變得比黑色還要黑暗，好似他的癡心妄想儼然成眞，在他心中確信自己已經發射末日機器而摧毀了這個世界。現在的他失去了意識。

沒有人、沒有歡樂、沒有疼痛，什麼都沒有……。

儘管波波夫相信最後被忘卻的是死亡，然而在某個時候，他的潛意識化爲烏鴉再度復甦，他能夠看到自己正是那個被我所觀察的地獄身。這裡是地獄，而非空無所有。處在地獄的波波夫既憤怒又驚愕，他的身體就像是充滿著所有地獄眾生身體的全息圖，他與這些眾生之間完全沒有距離，然而他卻蔑視、憎惡組成他身體部位的地獄眾生。即使他們和他自己的地獄身並無不同，他還是對自己的手、腳和器官感到幽閉恐懼。

阿法納斯‧波波夫的終極武器只是用來對付自己，創造一種沒有生死、極其險惡、不斷凍結的生存方式。頗具諷刺的是，波波夫原以爲實際上「空無所有」（Nothing）之迷妄的二元幻想，最後竟然讓他成爲「所有的一切」（Everything），只是這一切都已在地獄中了。

苦痛的拳擊賽：
派克·藍希特（Parker Lancet）

蒼茫無垠的酷寒地獄被帶有灰色煙灰的風吹襲著，這與地球上的冬季仙境有著明顯的不同，酷寒地獄是冬季的夢魘。這裡的季節嚴峻、永恆，溫度或光亮恆常不變。冬季永遠不會轉換成春季，也永遠等不到冰雪融化的時候；綠芽從不長出、花苞從不綻放，更不會有鳥鳴聲告知春天的到來。這裡毫無希望、毫無慰藉可言！

總也是漫漫無盡的冬季。

在此廣袤的冰原和白雪上，有著與塵世相仿之星羅棋布的城市和村莊遺跡，然而全是無人居住的冰屋幻境——這是因眾生慣於見到牆壁、窗戶和尖塔頂的習性所創造而來。房屋無法提供庇護或任何舒適的環境，寒風不斷地吹打著建築物。部份城市仿若遺棄的水晶宮殿，其他城市則如荒蕪的寂寞長廊，呈現出一種看似具有某種社會型態的錯覺。

我們進入一條名為新烏爾巴努斯的冰凍城市大街。這座城市雖然龐大，街道與建築物延展至四面八方，像一座消失的大都會，但當中只有一位居民。

有個男子不斷地穿梭徘徊於大街小巷與建築物之間。他好像不確定自己在尋找什麼，或許是另外一個人、一些溫暖，或是食物？但是那裡什麼也沒有，他毫無休止地來回踱步，以致腳底長出了巨大的水泡，這是由冰寒折磨的晶狀水泡。他走得越久，疼痛就愈加劇烈。於是他把注意力從無休止的徘徊轉換到晶狀水泡的痛苦上；最後，他除了感受到水泡帶來的劇烈痛楚外，沒有其他的感受。

在他以非常漫長時間全神貫注於水泡後的某一天，第二顆水泡出現在原來那顆水泡的旁邊。他的注意力就這樣持續地來回移動，從第一顆水泡的劇痛移到第二顆水泡，然後又再遊移回來。他試圖返回徘徊的習

慣，但是當他的水泡碰到地面破裂開時，群集的冰晶讓他的痛苦又更加深了好幾倍。不只是他腳上的冰晶群，還有他周遭的世界好像是片堅固冰封的土地，這時土地也開始慢慢地裂開。幾年間，冰晶群不斷形成，和他腳上的潰瘍共振著相同的疼痛，這既是譬喻又是事實，將他所處的世界變成一個痛苦難忍、顫動不停、死氣沉沉、來回反彈、難以置信之幽閉恐懼的恐怖城市。

當我們趨向前時，他含糊不清地說出自己的名字：派克‧藍希特。當他還在世時，本來是個醫生，但因他對第一線的看診工作沒有興趣，轉而投入藥物的研究，因為這樣一來他就不需要直接面對病人和接觸他們的痛苦。身為研究員，他可以只將注意力放在化學和生物學的明顯事證上。不時地，他也會發現自己研究的結果具有醫療用途。他一直非常熱衷於研究工作，也同樣對提出更進一步研究的經費申請感到興趣。

他專心致志地從事一項秘密計畫，那就是找到治癒一切痛苦的藥物。事實上，他已成功調配了一種藥物，能夠輕易地忘卻負面的情緒狀態，這真是一個多麼簡單、多麼完美的發現！由於派克過於興奮，以致在配方還未經過正式臨床測試前，就將藥物注射到自己身體而鑄下了大錯——由於藥物過量導致意外身亡。諷刺的是，在他臨終前一刻，還因此頓悟了一種終極的新發現，原來終止情感抑鬱、解除一切痛苦的真正方法就是：死亡，一種不復存在的狀態。

顯然事實並非如此。此時我們四周的大地開始龜裂，因為他的傷口又裂得更大了，他恐懼地淒厲尖叫著，痛苦又再再加劇。突然，他腳下的一塊固態晶體粉碎，碎片四處飛濺，當他掉到所處的地獄城市時，又落回到同一個原點上，然後他又重新開始徘徊。很明顯的，這個情節不斷地重覆上演——他徘徊著……腳下虛幻的固態冰晶塌陷……龜裂……他的恐慌急劇上升，永無止境……。

邊境之幻景：
瑟琳娜・崔斯特斯（Serena Tristes）

在熾熱和酷寒地區的外圍有個與塵世相仿的地獄叫做「近邊地獄」，這裡給予此處眾生的承諾是：他們在地獄的監禁即將結束。的確，這或許是真的，但這些地獄眾生仍然有著極漫長的地獄生活等著要折磨他們。他們不斷地被看似平凡、愉悅的塵世現象所欺瞞。然而，這個現象卻隱藏著地獄的組成要素，在暗地裡伺機而動——平常的白天變成恐怖的夜晚，景色亦變成地獄的景象。

進入此外圍地區時，我看到一個蒼翠繁茂、廣如非洲草原的懷舊景象，遠方還有一長串的湖泊波光粼粼閃耀著光芒，給人一種可於此清純水中提振精神的希望。

那些已在熾熱或酷寒地獄中長期飽受折磨而終能進入此仿如草原之地獄外圍的眾生當中，有一位女士叫做瑟琳娜・崔斯特斯，她正試圖接近第一座湖泊，當她好不容易到達湖邊並迫不及待想要一飲甘泉時，湖水突然如沙漠中的海市蜃樓般消失了，放眼望去只見龜裂、乾燥的凹口，周遭還爬滿著一大群的毒蠍、蜘蛛和帶著毒牙的螞蟻。

一見到此，瑟琳娜陷入極大的絕望中。她記得自己還在世時，對昆蟲既厭惡又藐視，身為更為強大的人類，她可以隨心所欲地輕易消滅牠們，不管是以毒餌誘殺，或是毀壞牠們的巢穴，更可以毫不遲疑地把牠們踩扁。但在這裡，牠們卻是這個區域的統治者，猙獰威嚇著所有企圖接近地盤的人。此景嚇得她只能盡快地拔腿飛奔。

她繼續前行，想著第一座湖泊或許只是乾涸了，只希望遠處

的湖泊不再是她的幻想，而是一座真正能夠止渴的湖泊。她前往一處又一處的岸邊，但是湖水全都枯竭了。各種不同的昆蟲、寄生蟲對她展開無情的攻擊，撕咬著她那蒼白的雙腿。龐大帶翼的甲蟲以震耳欲聾的嗡嗡聲飛過她的耳旁，這讓她更感到徹底的絕望。

在年復一年追逐著變成幻影或乾涸的湖泊後，她來到一座沒有消失的湖邊，這座湖的大小幾乎和海洋一樣浩瀚，除了延伸到遠方地平線上閃耀的波浪外，她什麼也看不到。正當她傾身向前飲水時，心中泛起了小小的希望之光，忍不住跳進湖中想洗淨她恐怖的習性身。

當瑟琳娜的臉部更接近湖水時，水面上升與她的唇部相會，她聞到四處瀰漫著一股陰冷潮濕的味道。當她的嘴唇碰到湖水時，她恐懼地驚聲尖叫——那並不是湖水，而是一些人類、動物、魚隻和垂死昆蟲與寄生蟲的膿、血和內臟。

有一道波浪鼓起，將她捲入那充滿令人厭惡之液體和固體的湧流中——當中混雜著所有她在世時曾經鄙視的人類和動物身體，這些人類和動物不但扭曲變形，體內還滲出血淋淋的液體，這些是她曾吃過的每隻動物所被丟棄的內臟，她在吃那些動物的肉時從不認為牠們是因提供她營養而犧牲了性命。她就這樣淹沒於汙穢物和負面情緒的混合物中，在她的四周還有其他受苦者正載浮載沉地想辦法探頭，奮力吐出那些內臟碎片並且拚命換氣，只是為了不要被吸入此黏稠的汙穢地溝中。

雖然瑟琳娜也深陷其中，但她卻是求死不得，只有不斷恐懼自己會被所憎恨及漠視的事物所吞沒。在她迫切地渴望喝水解渴、洗淨自己，讓自己煥然一新的同時，所有她誤以為死後將化為烏有的事物，卻以混合液和洗澡水的形態化現。

瑟琳娜被拖入湖底深處，這裡由冰霜洞穴所組成，她被囚禁於當中，忍受著極端錐心的寒冷。好幾個世紀過去了，終於洞穴解凍，她經由熊熊

燃燒的排水隧洞被拉進地層內段，又再度被吸入熾熱地獄的房室中。她是絕對無法逃離此地的，因為這裡只有從某個地獄景象轉換到下一個景象的不斷迴流。然而瑟琳娜卻對抱著能夠逃出去的希望感到惶惶不安，也對心中想要避免面對所有人和事物的持續恐懼感到震驚。只要心中想像著自己要避免什麼，那些相同的感受、影像和環境就會因此出現。要從「一下子希望被拯救、一下子恐懼我們最害怕的事情」這種雲霄飛車下來，是絕無可能的。

　　瑟琳娜在身為人時，曾是個順從的孩子，她出生於忠於禮拜的虔誠家庭。剛開始時，教會的教條和她父母的虔敬對她而言是一種鼓舞和安定的力量，同時也是她奠定自我價值的依據。然而當她進入青春期時，周遭的同儕卻嘲笑她自命清高的態度。當她強烈的欲望和被懲罰的恐懼愈加相互牴觸時，她與父母和朋友的關係就變得相當冷淡。她外表看似淡然，但是內心強烈的激情劇碼卻時時對抗著罪惡感；在某個時候激情戰勝了理智，她放棄了宗教信仰和教規。

　　就如鐘擺會往反方向搖盪，現在瑟琳娜已經完全擺脫所有外在道德標準的束縛，她開始漫無目的地擁抱傷風敗俗的生活方式。就像她曾經依賴宗教美善的追求般，現在的她執迷於放縱與自欺欺人。她的強迫性雜交致使身心異常痛苦，因而必須訴諸毒品和酒精來鎮定、麻痺自己。她完全沒有辨識能力，信任蠢蛋和惡意的剝削者，但卻藐視友好、善心的純潔者。在她意識表面下的深處，不斷進行著冷熱的天人交戰。

　　由於太過粗心大意，最後瑟琳娜讓自己置身於險境之中，在某次喝得酩酊大醉後，她和一個要送她回家的陌生人離開酒吧，到達她家後，那個人對瑟琳娜動粗並且性侵她，然後讓她窒息而死。她臨終時內心的交戰就成為進入地獄直達車的票券。要是她當初在面對困境時，能對自己有些慈愛、慈悲，事情就不會演變成這樣了。

渴望：路易基・賈科莫（Luigi Giacomo）

珍娜・蘇菲亞輕輕揮手示意要我跟她走，我們繼續穿越一個感覺像是熱帶森林的地方。遠處鳥兒呼喚著，樹葉的瑟瑟作響和其他的聲音透露了地面生物的活動跡象。

接著我看到一位年輕男子跑向芬芳馥郁的檀香樹林，他大聲喊著：「我的愛！我的愛！」從他臉上瘋狂的表情可以斷定，他才剛從飽受地獄的折磨中走出來；他也好像認定自己已經回到平凡的世間。他邊跑邊重複著說：「我的愛！我的愛！」

這片樹林好似閃耀著光芒，彷彿向他舉手招喚。珍娜・蘇菲亞展開她的翅膀，我們瞬間來到樹林當中，觀看所發生的一切。

這位年輕男子叫做路易基・賈科莫。他在此熾熱和酷寒地獄已經受了千萬年的苦，直到他行為的業力開始耗盡，可以溜過裂縫進入近邊地獄，就像我剛剛歷歷在目的那般。

就和我一樣，路易基從看似塵世地形之廣闊無垠的空間中冒出，他在那兒可以看到樹木、花朵、動物和鳥類的一般景象。他看到遠處有蒼翠繁茂的綠色森林，在經歷長久的匱乏後，他想像該處應能找到水和水果來滿足自己。雖然叢林看似很近，但當他每邁向叢林一步時，平原就往前延伸好幾倍；儘管如此，他還是因為極度的飢渴而繼續前行。

好幾萬年過去了，森林依舊離他非常地遙遠……，直到最後變得好像靜止不動般。他聽到林間風兒吹動的聲音，以及遠處瀑布的水聲，因此他加快腳步奮力前行，希望能找到食物。突然，他聽到某處有人正虛弱地呼喚著他的名字。

「路易基……路易基！請你過來……」

那個聲音？——從他還在世以來，好久沒有聽到那甜美的聲音，那已是好久以前的事了……。

這是幻覺嗎？當他更深入樹林時，那個聲音就變得愈加清楚——沒錯，就是那個聲音！是他心愛的人在呼喚他。這實在太令人興奮了，於是他將食物和飲料的渴望全都拋諸腦後，全然地追逐那悅耳的聲音，只想到與他朝思暮想的女人重逢的金石之盟。

她向他哭喊著：「親愛的路易基，我是你的愛人安娜。我被困在樹頂，請你快來救我！」

我們就是從這棵樹上觀察路易基‧賈科莫的探求。檀香樹是一種體型極大的樹木，有無數的分支，大小不一的橢圓形樹葉閃閃發亮。我看到曾經與塵世極為相似的樹林，現在卻與塵世大相逕庭。檀香樹生長在晶體和金屬結構中，枝葉全是由利刃所組成，樹皮上還點綴著尖銳的鐵刺。

當路易基心愛的人又再次從上方呼喚他時，他快樂地回應道：「安娜我的愛，我在這裡，我就來救妳了！」他很快地爬上樹，但令他驚愕的是——如刀鋒般銳利的樹葉劃破他的軀體、手臂及臉部，同時鐵刺也穿透他的雙腳，但是他仍舊毅然決定要爬到頂端。

路易基越是努力往上爬，身體就被傷得越嚴重，也就變得越虛弱，但最後他還是抵達了目標。

當他好不容易爬上樹頂，正四處尋覓愛人時，只見到一隻巨大多彩的鸚鵡發出安娜的哭聲，更令人震驚的是，那不是一隻普通的鸚鵡，而是一隻鐵喙鸚鵡！牠張開彎曲尖銳的鳥嘴對路易基發動攻擊，深深刺穿他的胸膛並拖出活蹦亂跳的心臟，再將它像是水果般的用力撕扯。接著，這隻猛禽振翅飛向遠方，鮮血從卡在牠下顎的心臟滴淌而下。

路易基絕望地淒聲哀號，然後掉落回叢林的地面；無法死去的他如一具失魂落魄的殭屍般跟蹌離去。珍娜‧蘇菲亞暗示我：這個恐怖的景象完全是因路易基的行為與念頭所來——他不停而強烈地、習慣性地渴望擁有他人。

當珍娜‧蘇菲亞將我升至更高的天空時，我看見碩大的利刃樹林中有著無數的年輕男女，每個人皆被貪婪的欲望所驅使，並且一再地被鐵喙鸚鵡的聲聲誘惑所欺騙……

重生與救贖

在遊歷了熾熱、酷寒和近邊地獄後，我終於明白：地獄能仁和珍娜·蘇菲亞是在向我展現一種方式，以便真正利益那些被困在地獄不同洞穴中的眾生。

我漸漸能夠與地獄能仁的心更清楚地相通，祂在層層地獄中不斷移動，以一種覺醒的符號來標明祂所去過的地方，以便指示出路和永不返回地獄的關鍵。永不重返地獄和無所畏懼有關，這份勇氣來自於能夠清楚看見且不帶任何評斷，透過清淨的覺知而獲得解脫。誠如邱陽創巴仁波切所言：「摧毀所需摧毀的，征服所需征服的，關懷所需關懷的。」──但同時絕不以自我或邪惡的觀點為出發點。離開地獄的出口與感知到慈悲和關懷的智慧息息相關。

對我而言，祂們向我展現那種不求回報的純然仁慈，減少了我在地獄中激盪的憤怒與絕望。珍娜·蘇菲亞透過目不轉睛地散發持續關注來展現這種仁慈。她讓我看到，極端痛苦的狀態能因投射至無量地獄眾生的仁慈而減輕，這是透過將受苦眾生與她和能仁視為無二無別所達到的，事實上這些眾生就和祂們一樣，具有潛在的可能性。藉由將二元習性轉化為非二元相續的微妙變化、慈愛與關懷的思維、不以自我為參照點的心態，可以實際帶來淨化，並對他們有所助益。她對每一位地獄眾生純然的關懷與慈悲，讓所有受苦的眾生都受益，因為大家皆休戚相關。

此時，我聽到熔蝕地形中的無數凹洞深處噴出了氣體，那些氣體變成一種強烈、持續而和諧的低沉聲響。地獄能仁以心意加持我，我的習性身被拉入珍娜·蘇菲亞的燃燒火焰中。

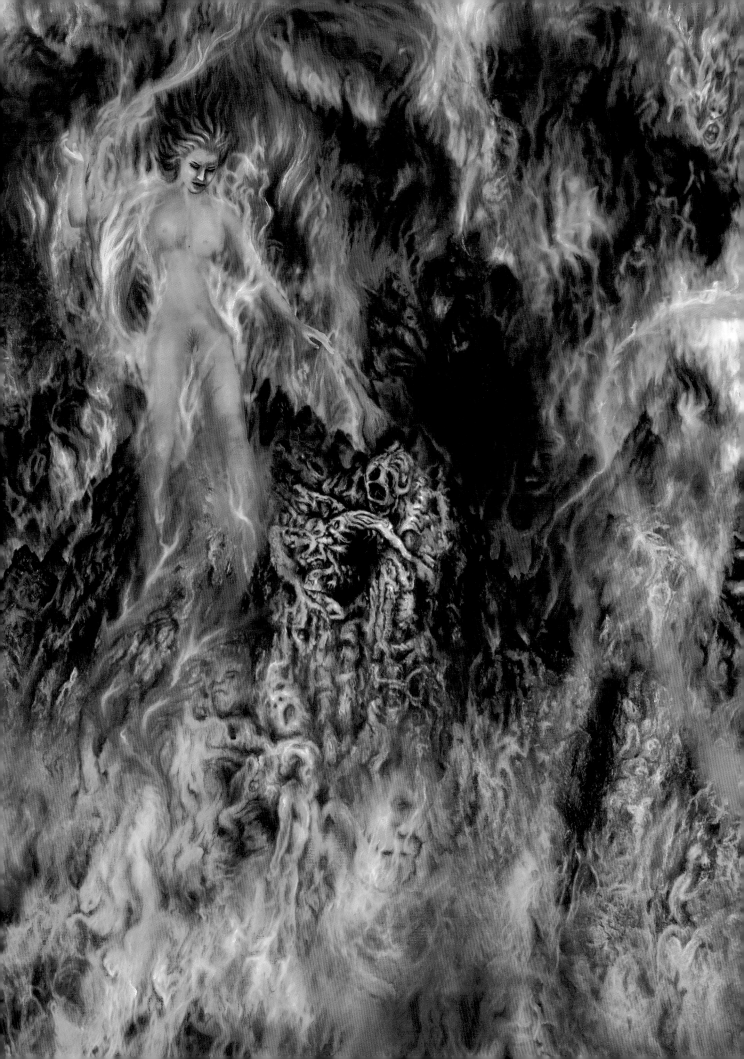

　　我感覺自己的意識，以及與我心意相會的每一位地獄眾生的意識，都沉浸於如子宮般溫暖的環境中。

　　當我們的意識被擠壓而穿過一條濕潤、粉紅、狹窄的通道時，我們依個人主觀習氣而感知個人地獄的心理概念因此淨化。這種感覺就像是：由於珍娜‧蘇菲亞的慈愛，在我們面前展開了無盡的可能性，讓我們不再耽溺於具有輪迴特性的苦痛循環。

　　如今，我們從這些地獄的概念中解脫，各自依業力而投生到上三趣。我們多數人投生到人道，也有些投生到阿修羅道或天道中。對我來說，這是一段短暫導覽旅程的終點站；但對其他人而言，則是從地獄的監禁中獲得釋放。我們每個人都學習到——不再執持實有的極端見地，即是智慧的萌芽。對痛苦真實本質的深思，將讓人獲得清晰的明見。

　　我便是在此嶄新、明燦的空間中重生。

重返人間

直面痛苦

突然，有一條能量套索將我的生命體（being）拉住，從地獄深淵穿越湍流的海洋往上升，接著我被拉回到人間……地球……加州……棕櫚泉綜合醫院……心臟科的病房。

我回來了！

轟隆一聲之後，驟然停止的呼吸又再度恢復，接著傳來「咚！咚！咚！……」驚心動魄的音爆聲重擊著我，後來我才知道，這是靜脈注射器持續將抗生素輸入我血管中的聲音。

再度回到人間的感覺真是痛苦極了。感覺我的皮膚好似被扯開一般，心臟急速跳動，就像是被上百萬個太鼓敲打著。每一座有著上百萬音符的定音鼓，都展現出上百萬不同形式的痛苦：敲打之後，便是身體疼痛、情感傷痛、劇烈苦痛的波動……，這一切聲音

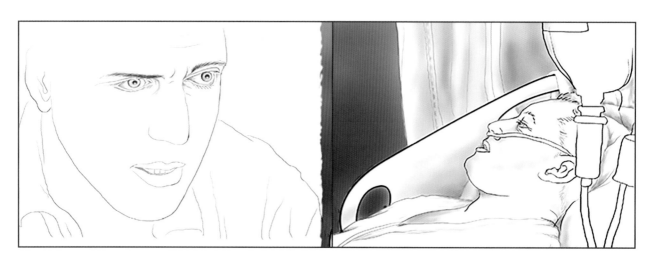

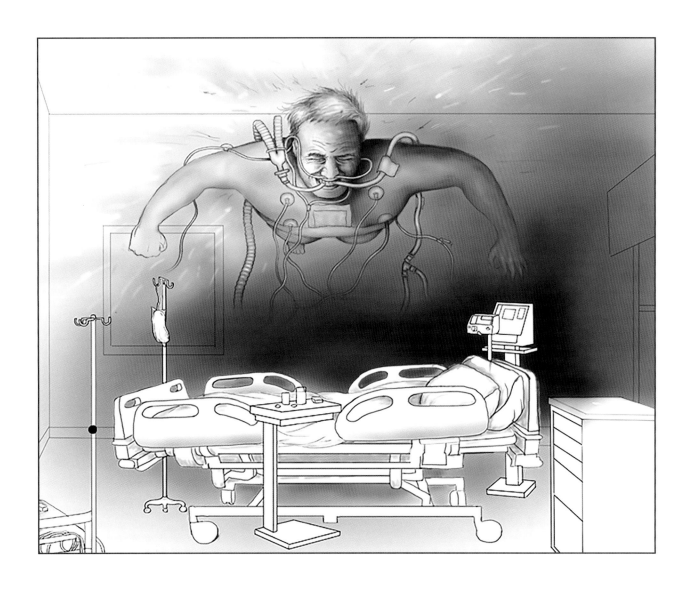

都著實令人恐懼，我感到整個人虛弱極了。

兒子艾文彎下身子靠近我，我在他耳邊輕聲地告訴他：「我剛去了
趟地獄回來。」他聽完後回我說：「爸爸，你很幸運！那只有一會兒的
時間，卻感覺好久對不對？我聽過有很多眾生被困在地獄中非常久。」

我身體各部位都插著、掛著奇怪的橡膠吸球管子，從那些透明的醫
學管子中，可以看到傷口所排出的膿汁和其他液體。所有的管子都以金
屬夾子固定，讓我覺得自己好像是某種科學怪人。

由於這次是開心手術，我的胸骨被鋸開，然後再拉合起來並以鋼絲
予以固定。這種擠壓性的胸口疼痛非常令人折磨，隱約覺得自己的胸骨
仍像是被切開一般，就像一塊被宰割的肉。要去適應我已穩妥地回到自

己這個身體中，是一件很困難的事。

當我在瀕臨死亡、停留地獄的那段期間，並不會感到恐懼，反倒是回到人間才感到莫大的恐慌。我害怕疼痛，並一直試圖要擺脫它，但是越想擺脫，疼痛就更加劇烈，也就讓我更加驚慌。我試著想要休息，卻一點用也沒有。

接著，我想起創巴仁波切的口訣——與其試圖逃避，不如直面痛苦。他經常教導：「你無法逃離疼痛，也無法推開疼痛；因此，你必須挺身而進，只要與它同在。」這個口訣的教授對此時的我很有幫助。

瀕死的經驗讓我非常感恩我的上師們。在吞噬生命之劇變的混亂和疼痛中，我的存在被剝離得坦蕩赤裸，肉體被完全剝開、骨頭碎裂，心亦無身體作為基礎，此時，上師們的法教真理是我唯一的慰藉。就算那裡只有地獄的景象，依然能因無時不在之覺醒心的化現，以及那些佛教上師所體現的基本明智（basic sanity），而使我受到清淨與平和的保護。他們一而再地仁慈指出並且示現這種清淨與平和的保護，直到我的心相續無二無別。

在我與死亡擦肩而過的次日早上，聽列諾布仁波切從溫哥華打電話給艾咪，那時她還沒有機會通知醫院以外的任何人有關所發生的事。

仁波切問道：「山姆還好嗎？我以為他昨天晚上會死，因此我一直在為他祈禱。」

仁波切這麼說，並未讓我感到意外，其實我們已經非常習慣仁波切未卜先知的能力了。

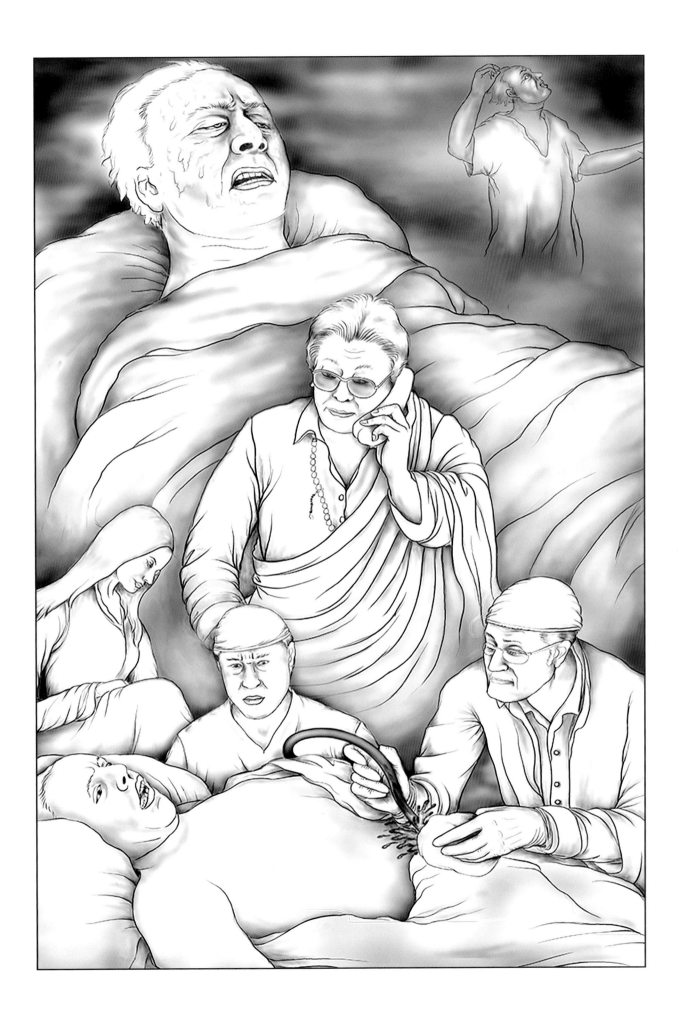

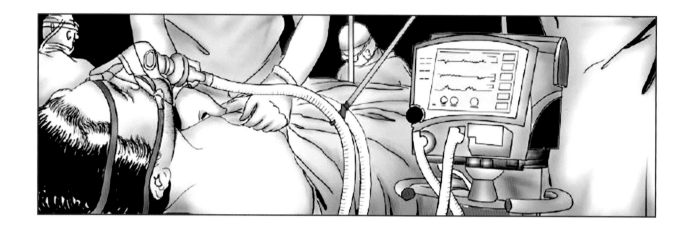

憤怒的智慧

身體劇烈的疼痛令我著實難以招架，於是他們便在我的抗生素中加了嗎啡。嗎啡雖然能夠暫時緩解疼痛，但卻刺激著我真實的感受，我的味覺變得非常奇怪，我無法看清楚，幻覺中混合著單純的覺知。我體內的臟器失去正常功能，讓我的疼痛感陣陣發作。

醫生來看我並且告訴我，我的體內感染就如同之前無故地出現，現在也突然消失得無影無蹤。他對我的狀況開了個冷笑話，又再次警告我嗎啡上癮的可能性。於是我自願只吃普拿疼（acetaminophen，乙醯胺酚，止痛藥的一種成分），但或許這有些言之過早了。接著他抽出插在我身上的引流管，當管子被抽離時，感覺既恐怖又不真實，好像自己的身體是一台具有神經的沉重機器。

接著一位塗著深紫紅唇膏的優雅印度女士、號稱「傳染病專家」的血液科醫生進來會診，想判定那幾乎奪走我性命的症狀是否為一種傳染病。在看過我的病歷後，她冰冷嚴肅地凝視著我的臉龐。

在我看來，她就像是一位穿著白袍的怪異吸血女妖，但我的目光卻莫名其妙地被她所吸引，同時又對她的態度覺得反感。她說我的病情真是令人百思不解，為了避免再度感染，接下來的幾天他們將會替我注射大量的抗生素。

　　她離開後，腎臟專科醫師也進來探視，以確定我的腎臟沒有衰竭，因為一旦衰竭可是會要我的命的。他就像是來自一九五〇年代的某個喜劇演員，除了腎臟以外，全都一無所知，他的妙語是無聲的。

　　這段期間，家人給予我很大的支持，每一次都有一位家人陪伴我好幾個小時，有他們在身邊真的很幸福，但我對他們必須聽我抱怨，還得拐彎抹角告知我病情的嚴重性，感到過意不去。當嗎啡失效時，我只

　　服用普拿疼，於是疼痛又加劇了，我一邊呻吟
一邊咒罵，完全陷入了自我困惑與自艾自憐的
情節當中，就連上廁所這種簡單的事也會惹
得我憤怒吼叫，艾咪對我這種怪異行徑非常敏
感，搞得我倆最後都變得心煩意亂。

　　那時往往會有一位名叫蘿妮的護士推門進
來，見我劈頭就道：「你為什麼要自暴自棄？」
蘿妮是位看起來很強勢的黑人婦女，頭上有
著醒目的白髮，她貼著我的臉說：「你為什麼
要說這些消極的話？你還活著，也正在復原
中。我不准我的孫子罵髒話，我這麼告訴他，
如果你真的要說什麼，就說『天啊！』，就這

樣。」

　　護士蘿妮就像海軍中士般幾乎貼著我的臉說話，我
也可以感受到她激動的情緒。每當我的心情又低落時，
她就會咄咄逼人地說：「你以為你是誰啊？這樣小題大
作的，比你還苦的人多的是，別再自艾自憐了。是的，
你可以做得到，就是現在！」

　　她說得非常對。雖然要我活動身體是極為困難的，
但此刻除了聽從她的指示並立即實踐外，別無選擇。要
是惹毛她，那會比在我身中竄動的疼痛還要恐怖。

無常的真理

接下來的幾天，我的身體也漸漸習慣了疼痛，於是我打算出院回家休養。醫生建議我回家後要盡量多走路、多運動，而且必須徹底改變我以前的飲食習慣，同時也警告我，如果我沒能好好照顧自己的身體健康，我的靈修生活也好不到哪兒去。

那些來幫助我康復的護理人員眞的是一群天使，他們視病人的需要更甚於自己的需要與偏好。我深深感謝他們的奉獻和樂於如此直接處理身體與情緒的混亂狀況。

我眞是迫不及待地想回家，終於等到出院的那一天到來，外頭的氣溫極爲炎熱，居然高達攝氏 49 度。他們用輪椅把我推到車上後就直接載我回家了，因爲要在如此高溫下步行幫助復原，恐怕是相當困難的。

在家休養的那段期間真的很難熬，想要一夜好眠更是奢求。一天之中我會不定時的突然癱倒，而且不論我或躺或坐，什麼姿勢都不舒服。所有的一切對我而言都是種折磨，一離開空調的家，就如同進入烤箱一般，當前門打開時，迎面撲來的熱氣幾乎讓我昏厥。艾文會在每天日出前最涼爽的時間帶我到外面步行一個小時。我慢慢地恢復了體力，而疼痛感也逐漸消退。

地獄的體驗現在離我好像很遙遠了，然而我知道我再也無法以同樣的視角來看待這個世界了。儘管如此，我卻很訝異，我的散亂無章、虛耗光陰、狹小器量的惡習竟猛烈地再次顯現。雖然我所見證的四聖諦實相仍歷歷在目：苦的存在（苦）、苦的因由（集）、滅苦的可能（滅）、息苦的方法（道），但是本性難移，要返回我習慣的方式太容易了。除了持續具足信心和精進修行來燒毀那障礙覺悟的困惑外，別無他法。

一個月後，我的身體狀況已足以讓我到聽列諾布仁波切的家，加入小團體的晚間禪修。仁波切滿面笑容地歡迎我並且溫暖地問候我。我非常開心能夠再一次和大家相聚。

現在故事講到這裡，我忍不住回想起我與聽列諾布仁波切結緣的非凡境遇。幾年前，在邱陽創巴仁波切圓寂後，我的一位同事布萊恩問我是否要跟他去波士頓羅根機場會見他來自亞洲的上師多竹千仁波切（Dodrupchen Rinpoche，或稱多智欽仁波切）。在接受他的邀請後，我們就一起前往機場。多竹千仁波切的飛機延遲抵達，有一時間布萊恩變得十分緊張，他告訴我聽列諾布仁波切剛剛進入航廈，問我是否想要拜見？我回答：「好的。」因為我讀過仁波切所著的《開妙道門》（*The Small Golden Key*，一九九三年），對於書中的深度內容印象深刻。

由兩位侍者伴隨的仁波切一看到布萊恩，立刻向前致意。布萊恩把我介紹給仁波切時，他卻不理我；在閒聊幾句後，布萊恩再度試著介紹我們認識，這時仁波切轉向我，並用盡全力嘶吼說著我是個多麼愚蠢又自大

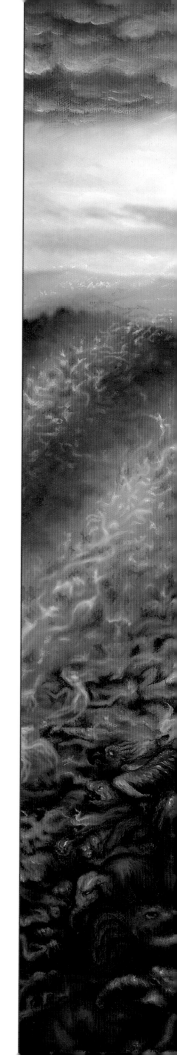

的人，自以為了解佛法或是「狂智」（crazy wisdom）。我絕對沒有誇張，那時候的我完全不知所措。

突然，我憶起創巴仁波切在多年前曾教導我：如果某天被大上師冒然搭話時該如何應對。當時，我覺得那是個非常奇怪的預測，怎麼會有上師找我冒然搭話呢？儘管如此，我還是仔細聆聽了創巴仁波切對此的指導開示。

我想起了那份忠告，於是嚴格遵守執行，聽列諾布仁波切隨即大笑著說：「好！好！」

多竹千仁波切終於抵達機場，所有的人都去迎接他。有位服侍聽列諾布仁波切的女士接著問我，是否想去機場另一端的航廈會見仁波切。

於是我走到遠處的航廈，看見仁波切坐在那裡。他的態度改變了並向我示意坐到他旁邊。他告訴我他非常喜歡機場的氣氛，因為它們就像中陰，是人們從某處換到另一處的過渡地。我們繼續聊著佛教和政治。和他相處的那段時間讓我印象深刻。

幾個星期後，我到歐洲進行一場個人的閉關。閉關即將結束時，我收到一位摯友的來信，因我曾經向他描述過機場的境遇，他在信中力勸我要延續那個特殊的經歷，並且告訴我那是仁波切給予的加持。

回到美國後，我前往拜見聽列諾布仁波切，並且請求他收我為徒，他在考慮幾個小時以後終於首肯。接下來，我在許多不同的場合拜見他，有時面見、有時則在電話中領受他的法教。他深刻的見解與仁慈是非常不可思議的。而對於創巴仁波切建議我應該研究的領域，他也都詳細地說明。二十一年間，我在聽列諾布仁波切座下至少修習了十五年的時間，我住在他的社區中，幾乎每個晚上和他共修。我能夠有此機會在如此非凡的上師們座下修習，真的是很大的福報。

如今，能在我瀕死經歷後再度與他重逢，感覺真是深具意義。

　　就當我們要開始禪坐時，仁波切不經意地問我感受如何，我告訴

他，感覺好多了。

　　「這麼快？」

　　「是的，仁波切。」

　　「那麼，山姆，你認爲你會永生不死嗎？會再這麼想嗎？」

　　仁波切再一次地提醒我無常的事實，以確認我是否了解。這是一

道極爲精準且直接打在我再生心臟上的智慧閃電。

© Pema Thaye 2016

生命之輪

一和彼岸

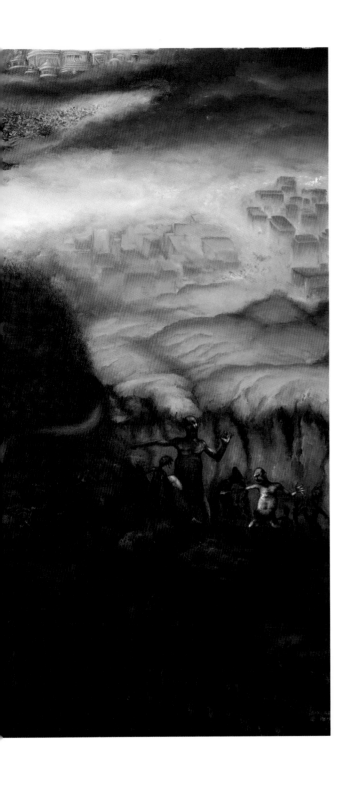

輪迴：不斷流轉

我曾經去了地獄，雖然現在已然返回，但接下來的幾個星期、幾個月，甚至幾年，我的心緒卻不時地返回地獄；不單是我而已，你們或許也經常在感受、念頭和心理概念中的地獄遊歷。身處衝突、爭論與低落的情緒時，我們也曾多次進入地獄；在當中，我們的心理狀態逐步增強為激昂的情緒或是冷酷的絕望。從這些心態中便可以瞥見完整的地獄。

先前我曾警告過大家，書中所敘述的體驗不全然符合傳統文學對地獄的描述，有一些另類的要素影響了我個人所見的事物。雖然要在此提出佛陀精要法教的完整解釋是不可能的，但我希望能夠藉由簡述一些關於來世的智慧法教，以及我如何將地獄景象配合藏傳佛教的宇宙觀，讓讀者了解我詮釋個人體驗的文章脈絡。最後，對於從我自身離奇又時而恐怖的描寫中可以推斷出什麼樣的希望與啟示，我也將提出一些自己的拙見。

首先我必須要強調的是：在佛教中，地獄並非為了懲罰死者罪行而存在的一個地方，而是依然困於輪迴的眾生可能會投生的六道之一。

仍受輪迴羈絆的眾生死後到底會投生於哪一道，完全取決於生前所培養的主要心理習氣——業力的承續。在傳統觀點中，雖然我們無法透過傳統的科學方法來理解或測量六道，但它們確實存在於我們的宇宙中。然而，許多西方佛教徒的了解是：六道是我們不同物質、心理和精神體驗的特質。

教法說，如果某人臨終時的主要心態是慈愛、寬容與智慧，那麼他將投生於祥和與極樂的淨土中；倘若臨終者被強烈的瞋怒、憎恨與激進所支配，他的心很自然地會被地獄道所吸引。這就是為什麼當我發現身處地獄時是如此地震驚，懷疑自己是否真的有如此明顯的惡業？但當我得知自己只是短暫的觀察者後，著實讓我釋懷不少，更有幸的是有幾位佛尊在我身邊引導著我。

佛教的宇宙觀認為，六道位於一個廣闊的領域中，在此領域中，我們人類所居住的地球和無數相仿的世界共存。這些世界系統不是在外太空某處，而是在我們自己創造的心理狀態中。倘若不能了解這一點，我們這些凡夫就會活在一種由自己培養之感知習氣所形成的虛幻夢境中。當我們的心執著於這些習氣時，就會將現實視為某個具體的「地方」。就世俗諦來看，這樣的地方有著逼真的實相；但是就勝義諦而言，它們全都是虛幻的。

娑婆輪迴包含上三趣和下三趣，它們是以居住當中的眾生來命名；天、阿修羅和人在三善道；而畜生、餓鬼和地獄眾生在三惡道。假使我們將這六道想像為心理狀態，並且開始辨認出它們是像我們這樣的人類所具有的特質時，就比較容易了解這聽起來很神秘的名相，例如：「餓鬼」代表著匱乏和貪得無厭的心態，因而這是吝嗇的業果。同樣的，許多西方人對有可能投生為雞或青蛙〔等畜生〕的概念感到可笑，但不難

想像這和被仇敵包圍時之困惑、恐懼和焦慮的心理狀態有關。

「輪迴」在梵文直譯為「輪轉」。這是一種心理事件  的持續變動，我們在此持續的變動中反覆投生於六道當中，再三投生於這種看似永無止境的循環中，聽起來就很像是地獄了。但輪迴卻非唯一的僅有，超越輪迴即為淨土，那是覺悟者的所在處，也是那些為利他而從事善行之眾生所在的喜樂地。究竟的目標「涅槃」，意指免於六道，免於所有遮蔽我們真實自性的所知障和煩惱障，它們就像擋住太陽的雲層般。涅槃並非一個我們要到達的超然處所，而是根本開放、清淨的自心本性，當蔽障去除時，它就會顯現。然而有句著名的開示說道：「輪迴與涅槃無別」，因為究竟來說，所有一切都具有同樣開放與清淨的自性。

與此見地相反的是大家所熟悉的唯物主義論：我們出生、存在一段時間，然後死亡 —— 生命就只是如此。這個論述相信，心會隨著大腦消逝，因此拒絕接受存在的精神特質。這是一種極端的見解，在佛教哲學中稱為「斷見」，此見地主張：這個世界「不外乎」物質本體。而與斷見對立的極端稱為「常見」，此見地主張：死後有一個永恆的自我存在。佛陀教導了超越這兩種邊見的中道，稱為「空性」（梵文：shunyata，英文：emptiness）。但「空性」並非「斷邊」所謂的「不存在的狀態」，而是指「廣闊無邊」、或是「全然開放」；因此可以說空性是「無」，也是「所有一切」就如在《心經》中說的「空不異色，色不異空」。

斷見的世界觀顯露出一種無知，那就是：完全無視因果之間的關係。一切行為皆有「因果關係」存在，就像我們教導小學生的基本常識：小丑之所以會滑倒，是因為他踩到了香蕉皮；渡渡鳥之所以會滅絕，是因為人類引進天敵闖入其棲息地。假使我們的所作所為在死後就不必背負後果，

譯註：
❶「心理事件」指的是：所發生之事對個人而言有其內在的重要性。

這是何等的癡心妄想？假如真的這麼簡單，那麼我們就會像泡沫般「啪」的一聲消失。

斷見與我們當代文明的理性觀點──也就是公認的科學基礎，緊密相連。如此的態度，只會對我在地獄的旅程完全嗤之以鼻，視此旅程不外乎是一種極為真實的幻覺，而這個幻覺是由於過熱的身體或是在醫院中如夢魘般的折磨所引起的。（細心的讀者可能會注意到，我的一些地獄體驗和往返地獄前後的真實生活間，有一種對應關係；對我而言，這種對應關係只是強調實相如夢幻般的自性，而我不認為我們應該去推測它們之間有因果關係。）

佛教的見地則認為心和意識是連續性的活動，即使在身體、感覺、感知、意志力和其他認為有個永恆、實有的自己或自我等要素都停止後，還是會持續下去。這種體驗的流動是受制於以往所從事的行為，因而會再輪迴轉世。然而轉世並不表示有個永恆的靈魂移居到一個新的身體中。心相續持續地從這一世流轉到下一世，但是並無一個不變的「我」。

業力：創造我們自身的天堂或地獄

地獄道中令人難忍的各種痛苦，都是個人在此世或前幾世之身、語、意從事行為的再現。因果關係是東方人一種解釋業力法則的方法，但這在西方則經常被誤解為透過外在神祇來評斷與懲罰的手段。恐怖的樣貌或許看似是地獄眾生個人投射的結果，實際上並沒有一個真正的魔鬼會出現而來懲罰他們，也沒有外在的救贖者透過承擔或消除他們的惡業來解救他們。痛苦的生起是基於個人意向和動機所產生的自然結果。而個人覺醒的能力則是以佛和其他智慧本尊的形式顯現，祂們化現於輪迴中提供任何需要的幫助。

那麼，「業」的意思是：每一個出於意志的行為遲早都會導致結果，而結果的性質則是由行為背後的動機所決定。負面、有害的念頭、言語和行為很自然地會導致未來痛苦、不愉快的經驗。因想要幫助他人而啟動的正面、有益行為，則會帶來快樂。由於這些業果不一定會立即感得，因此引發了典型的世俗抗議：惡勢力益加猖獗，但善行卻得不到報償。即使需要歷經極漫長的時間，但是當因緣條件聚合時，個人行為的果報絕對會在未來的某世成熟。

因此，業力的印記將自動決定個人轉生何趣，這個過程會因我們流連於困惑中而一再發生，並有可能因此成為任何一種有情眾生。就像蒼蠅被困在密封的罐子中，不是向上就是往下；同樣的，我們也被囚禁於從輪迴六道某一處到另一處的循環過程中。假使這個循環是因循惡習，就是輪迴，唯一能終止輪迴的方式就是──努力從痛苦中解脫，並且離於一切阻礙我們覺悟的障難。佛陀傳授不同的方便與修持，為的就是要幫助我們透過根除苦因（也就是不斷想要趨樂避苦的欲望），以獲得解脫。

錯誤及極端的見解

業力與轉世是佛陀法教的精要，認為行為沒有業果的斷見概念是一種錯誤——「邪見」，這種邪見會使眾生投生於地獄。這並不是說，拒絕接受宗教教義是一種該受處罰的罪行。佛陀並不鼓勵我們執著教義，而是要具有「正見」，認知如是的實相，這是很重要的，因為錯誤見解會導致痛苦。

那些相信只有可藉科學加以測量的事物才是真實的人，很可能會將所有這些陳述視為宗教迷信或神話。我是在科學至上的環境中成長，也非常尊重因突破性科學發展而增進我們人類和物質世界之間的關係。畢竟，在拯救我的生命時，醫學扮演了舉足輕重的角色。

科學揭穿了諸多古代迷信的真相，將曾被歸為超自然力量的宗教現象作了合理化的解釋，並藉此啟蒙了當代社會。然而科學對於細微能量的認知與超越大腦意識所及的範圍卻無能為力。很顯然地，科學是一個混合體，也由於戰爭武器的發明、地球資源和元素的破壞，而為此世界增添痛苦。科學可以是精神修持的夥伴，但是這得取決於應用科學時的目的；當科學將生命歸納為一種無意義的偶然因素時，這種趨於極端的方式實際上就是一種通往地獄的道路。

而另一種相反的極端見地也是「邪見」，包括了抵制物質世界的各種精神方法。有一些技巧可以讓禪修者進入大樂的境界而不需要與塵世接觸，他們對塵世眾生也漠不關心。求道者往往會達到一種入定的狀態，而處在一種愉悅的體驗中並專注於保持那種境界。處於這種極端是天界的特徵。然而即使在天界中，生命雖然看似完美，還是會有佛來引導眾生從迷惑的心態中解脫。雖然天神的極樂情況可以持續無以計量的漫長時期，但當他們投生天界的善業耗盡時，他們看似無懈可擊的身體終究會老死，屆時他們會墮入三惡道。由於天神只專注於享樂，對他人毫無慈悲，虛度無量壽命的他們下墮的速度可說是非常迅猛的，甚至會投生於最惡劣的地獄，那裡的主要特徵就是：對自己、他人和全世界盡是瞋怒、激進、憎恨與鄙視。

從天界的寶座直直滑落到黏穢的糞坑。不論我們投生於輪迴的何處，誠如巴楚仁波切說的：「所有的一切都具有痛苦的本質，所有的一切都讓痛苦加倍，所有的一切都是痛苦的工具。」倘若我們不想陷於世俗人生的昏睡中而忘卻第一聖諦「苦的存在」，如此悲觀的提醒是必要的。了解「無常」，知道所有事物都依因緣改變而不斷生滅，我們就不會執取有個「自我」以及二元感知的對境。

六道

在佛教神聖的傳統藝術繪畫中，最讓人熟知的是所謂的「生命之輪」（「六道輪迴圖」），這通常可以在寺院中的壁畫和掛毯中看到，提醒我們要去思忖輪迴的根源——在煩惱中不停翻騰而使痛苦持續、永存。畫中描繪閻魔懷裡抱著一個極大的輪子，輪子像餅派一樣被劃分為六個部份，六道的每一道就是一塊派，當中有著該道眾生的圖解。在輪子中心，有三隻動物繞成一個圓圈，永無止盡地彼此追趕，這些動物象徵著「三毒」，亦即痛苦的根源：豬代表無明（癡）、蛇代表瞋恚（瞋）、雞代表貪愛（貪）。貪愛是由擁有的欲望而起；瞋恚來自於厭惡、想要抵制；而無明則是冷漠、蠻不在乎的心態。

我請我的合作夥伴貝瑪・南卓・泰耶（Pema Namdol Thaye）以他當代的風格創造一幅原創的生命之輪繪畫。貝瑪現代化的創作風格非常強烈、有力又令人驚嘆。這和傳統圖解的風格形成對比，我們可以看到有個充滿著忙碌活動與情緒騷動的景象。整個輪迴被有毒的火山帶吞沒，圖中以巨人來代表於烏雲中蟄伏的無明；三毒之一——巨大的蛇，毛骨悚然地繞著豬追逐，好似要將豬的身體從畜生道中擠出去，同時，公雞正驚慌地拍打著翅膀。六道在宇宙空間中旋轉，彼此緊密相連，然而六道當中的某些領域卻似乎不被其他領域所察覺。此幅繪畫的底部有個像是旋風的深坑，那是由深陷地獄道的眾生所構成，他們就是黑煙漩渦的起因。這些擠在一起的眾生彷彿從地獄道的地面上冒出來。他們不敢相信，當他們在最下層地獄道中受著強烈的苦痛時，天神道中也正進行著戰爭。

這就是六道：從天神的金色宮殿派遣出一批源源不絕的神聖軍隊，高舉著火把；混亂、凶猛而善妒的阿修羅手上拿著發出鏗鏘聲響的武器；城市湧出的人群；腹部腫脹的大批餓鬼；因疼痛而蠕動身體的畜生……，還有眾多陷於地獄深淵中的眾生，他們哀嚎著一切有情眾生的整體痛苦。然而這幅畫也包括了一個隱藏的救贖，那就是位於樹下的一位紅髮女戰士。她喬裝成為和平而戰的人類，但實際上，她是在天神和阿修羅間調解的秘密天使。

天道

投生於天道是由於此世和前世所從事的善行。有些天神具有色身，有些則無。即使這些無色身的天神具有一種非常微妙的神聖地位，但是仍然受制於業力和死亡。那些有色身天神的身體與眾不同，既美麗無瑕又健康。他們的壽命長達億萬年，活著時擁有無窮的力量與快樂，而且處在天道中時幾乎所有的願望皆可立即實現。

或許大家會認為，天道是我們可以發願前往的究竟樂土。然而即使這個看似理想的存在狀況也不能免於輪迴的痛苦，因為這些天界眾生並不能瞭解無常的真理，要讓他們從迷惑中解脫是相當困難的。他們沉醉於持續的感官享受中，無心於靈性的培養。

在人道中，你可以很輕易的在名流人士當中找到如天神般的現象，例如：因樂迷崇拜而洋洋得意的搖滾明星、強大的君主，以及地球上最富有的億萬富翁。然而也有其他人透過禪修技巧，能夠愈加深入高境界的禪境、大樂和定力。遺憾的是，這些會改變的狀態有誘惑力全都是基於錯誤的宣揚。今日處於天道，終究必會下滑，就像蛇與梯子的遊戲般，梯子或許能帶你到最高的六道，但滑道總也等著抓你下去，而那個滑道會直接帶你進入輪迴六道的其中一道。對此，你是無法得勝的。

阿修羅道

僅次於天道的眾生，在梵文稱為阿修羅，也有人翻譯為善妒非天、戰神或是半神半人。雖然阿修羅也享有天界的歡樂，但是卻不如天神那般完美與強大，因為他們深受自卑感與想超越天神的野心所折磨。

阿修羅道就如天道的縮小版，在之前輪迴的法教中提到，天神和阿修羅被視為是分隔為二的天界；兩者的差別在於：天道主要源自於貢高我慢，而阿修羅則和嫉妒、多疑有關。因為阿修羅能夠瞥見到天道，因而變得更加善妒與好戰。

在人類心理學中，阿修羅可能展現在沉溺於爭論、極端競爭，以及嫉妒擁有美貌、財富或權力者。他們一直非常多疑，因此總會搭配提升自我的策略和戰術，而以各種詭計謀畫來運作。

人道

　　能投生爲人是最吉祥、幸運的，因爲其因緣條件成熟，能夠與精神修道連結。人道介於惡趣和善趣之間，人類的快樂與痛苦也比較穩定平衡，能啓發我們爲解脫和自由來努力。佛陀的教法不斷地提到痛苦，就是要激勵我們不要因爲懈怠於精神的修持，而浪費寶貴的人身。

　　身而爲人，處處充滿著隱憂，教法中說，人類受著三種痛苦所折磨：「壞苦」即快樂會在瞬間轉爲痛苦，諸如失去摯愛、破產、被診斷患有心臟病或癌症等不幸。「苦苦」是在我們已經夠悲慘的時候到來（即苦上加苦），例如：在一天之內，你不但跌倒又斷腿，還發現律師捲款潛逃。第三種苦是「行苦」，這是一種比較微妙、難以辨認的苦。我們或許認爲，佛教所談的苦有點誇大其實，因爲我們易於以有限的感知來觀看自己的處境，而不去觀察全貌。然而我們卻不時地在平常生活中了解到無所不在的痛苦與負面。我曾讀到一篇文章，其中說道：當我們在享受美味純素漢堡的背後，是剝削了多少貧困廉價勞工的權益才能夠將食物送到我們盤中？更不用提在加工過程中要使用多少的煤作爲燃料，而在採收、製作的過程中，有數不清的微生物被殺死，如果我們能夠敏銳覺察，其中不免發人深省。

　　生於人道是基於貪欲或愛欲，我們總想要更快樂而不想痛苦，然而由於狹隘又自私的態度，讓我們不斷比較事物，迷失於好、壞的二元追求中。我們不能了解，只有在人道中，我們才有機會脫離不斷輪轉的六道，並且體驗眞正實相的甚深見地。智者敦促我們思忖暇滿人身難得並且尋求精神修持。不論有何宗教或世俗信仰，「覺醒」是所有人都力所能及的。我們不應該錯失今生向我們展現的這個機會。

畜生道

畜生道的特質是我們相當熟悉的，因為動物和人類的生命連結與影響甚大。許多動物是我們每天生活體驗的一部份，這包括了做為友伴或助手的動物；提供食物、衣服和醫藥的動物；身為有害或敵對的動物等等。與人類親近的動物能夠瞥見人道，對於牠們未來的投生是有益的。

而大多數人類似乎忽視的是動物所承受的極端苦痛，不論牠們是哺乳類動物、鳥類、魚類、爬蟲類或昆蟲，因為食物鏈中充斥著弱肉強食，所以牠們經常生活在恐懼之中。在水邊飲水的小鳥，必須不斷抬頭四處張望，以偵查掠食者的到來。動物則不斷被其他動物獵食或被人類捕捉，進而遭到殘忍地傷害或殺害。

動物絕對有牠們非凡的智慧，典型的寵物愛好者相信「塔克象」或「跳跳虎」幾乎就是人類——這也許是狗或貓在下一世將投生為人類的徵兆。如果以人類來表達動物心理學，那麼會充滿著：缺乏幽默、冥頑不靈，並且執迷於慣有的行為模式。

華特・惠特曼（Walt Whitman）在他所寫的一首著名詩中提到，他想要與動物住在一起，因為牠們不像人類，不會對自己的過失發牢騷，也不會表現出令人厭惡的虛偽。但是動物為求生存而恐懼、由於盲目本能而受到束縛，對於如何擺脫侷限也缺乏專門知識，這樣的生活真的是比較好嗎？狗或許具有佛性，但牠卻無法跳脫使牠無法了悟佛性的業力迷妄。

餓鬼道

位於地獄道上方的那一道稱為「餓鬼道」，或是梵文的「薛荔多」（pretas）。居住於此道的眾生都已經死亡，但卻以鬼魅的形式存在。他們總是飢渴交迫，總是急切地想要獲得滿足，但卻徒勞無功。傳統上，餓鬼被描繪成肚大如甕、咽窄如針，因而什麼也無法吞下或消化。他們不斷地抱怨、執迷於食物與飲料的無盡追尋，但他們連一塊碎屑或一滴水也找不到，只有一絲絲誘人的氣味與顏色。這種折磨讓他們感到萬般無奈。他們總是東奔西跑地尋找在餓鬼道上不存在的東西。

另一種餓鬼就像是惡靈或魔鬼。這些生物一向感到恐懼不安，所以會想盡辦法傷害他人。此餓鬼道與地獄道類似，但是所受的折磨以及持續的時間比較沒有那麼極端。

我們多少都有某種餓鬼道的體驗，像是因某種不滿足或寂寞感而想起特定的食物、飲料或物品。譬如當你坐在火車上經過美妙的商店、餐廳和酒吧，但卻沒有停靠的站，只能眼巴巴地從窗戶盯著看，感覺自己錯失良機，無法獲得或享受眼前所見的事物，而這就讓你感到懊惱。

地獄道

　　距離那段奇特的地獄之旅已經過了多年，我又重返平凡的生活和許多慣有的習性。但是地獄道絕對的極端痛苦仍然不時地清晰映現於腦海中；我在回顧時會自問：「在我和死亡擦身而過時，有什麼是值得和他人分享的？」

　　由於我向卓越的西藏上師們學習並且成為講師，這些機緣更加深了我對佛陀法教的感激，而多年的禪修也轉化我對自己和世界的體驗，對於心是如何運作有另一種清新的看法，對於我們真實本性開放的智慧也愈加信任。

　　然而在本書中以第一人稱描述對地獄的瞥見，則產生一種無比難忘的影響。我並未把這些瞥見視為一種令人恐懼的警告，以期改變自己生活的方式；反而是，地獄中再平凡不過的眾生，讓我銘心刻骨，認識到並非只有窮凶惡極的人才會有地獄般傾向的凡夫心；這尤其是使人了解到仁慈之重要性的一堂課──一堂幾乎過於簡單以致容易忽略其重要性的課程，然而這卻是擁有快樂生活、甚至獲得解脫的關鍵。

　　這趟地獄之行教導我：不論地獄般的下三道看似多麼堅固真實，總也有獲得解脫的潛能──證得一切眾生皆具的菩提自性。秘訣在於，無論我們可能體驗到哪一種地獄：熾熱、酷寒或近邊地獄，都有一個作為解脫指路明燈的覺醒標記；不管在下三趣中感到多深的極度絕望或在上三趣中感到多糟的心煩意亂，了解這一點都是很重要的。這也同樣適用於我們目前所具有的身處地獄的內在體驗，我們或多或少都經歷著某種熟悉的精神折磨，這就是我試圖在地獄眾生的寫照中所記錄的。總是有可能找到解脫的標記，對此我堅信不疑。這個標記或許很難察覺，但是它就在那兒，它不盡然是某個奇怪、奧秘的圖像或物體，它可能是一種體驗，就像是面惡心善的護士蘿妮所下達的命

令。

人道是最容易認識、了解實相的地方。我們可以遠離輪迴的惡習，並且培養好的習慣來啓迪我們，直到不再有任何的習氣，這就是完全不受制於業力的境界。

然而壞消息是：地獄是存在的，就在我們自心當中；好消息則是：即使在最惡劣的地獄也有解脫的種子。地獄並非永久存在，佛陀的核心法教「四聖諦」就保證痛苦是可以止息的，也有脫離痛苦的方法，而那就是一條佛陀所概述的完整修道。

沒有哪一處地獄是被遺棄的，因爲在每一處地獄中都有一位佛（稱爲「地獄能仁」），祂並非如西方所了解的救世主，而是我們本具智慧的顯現，喚醒並且指引著我們。在地獄中，佛或許會以一種微妙或不具外相的方式出現，顯現的方式有時爲女性、有時爲男性。爲了將我們從地獄的麻木不仁狀態中喚醒，能仁會以各種色相示現，譬如撫慰的寂靜相，或是狂野的忿怒相。

在我的地獄旅程中，佛先是以死亡之主閻摩之相示現，祂用繩索套住我，將我直接拖下地獄。閻摩代表的就是死亡，當我們呼出最後一口氣時前來與我們會合；祂象徵著無常的實相——所有人事物都會逝去的必然性，就如一名內在的審判官，明察秋毫我們的所作所爲，透過祂的智慧眼能夠看清我們，並把我們的意識投入下一世。閻摩是一位公正的審判官，能夠評量何爲眞實。那些沉湎於憤怒、鄙視與惡行的人將會投生地獄。閻摩以如水晶般的澄明映照出無常的實相，以及對無常實相漠然以待的代價——也就是誤認事物恆久存在，因而導致並加劇地獄的痛苦。對那些積極求取覺醒與信心的人，祂甚至能夠成爲解脫輪迴痛苦的預兆；而對那些具有敏銳根器的人，閻摩也能在當下示現爲圓滿覺悟的代表。當閻摩持續進入往生者意識與習性身駐留的地獄時，我就曾在熾熱和酷寒地獄中體驗到祂令人敬畏的示現。

在寒熱地獄的交界處，有一位仁慈的眾生，我尊稱祂爲地獄能

仁，祂的身體是灰色的，手中握著火與水。由火焰熱度與水波粼光所展現的質地，描繪了能從地獄走向解脫的道路。地獄能仁以火和水作為覺醒的徵兆，為的是讓眾生能夠藉此離開地獄。看見火和水並非關鍵，而是要體驗火的熱度和水的涼度，藉由感受水、火所散發的質地來「解讀」水和火，而對這些質地的覺察便提供了一條出路。

當我抵達熾熱和酷寒地獄並列之處時，地獄能仁先是顯現為無性別的光明身相來迎接我，祂的出現讓我從原有的困窘與迷惑中找到慰藉。祂牽著我的手，引導我穿越不同的地獄景象，開啟我的內在之眼，讓我看到了源自憎恨、偏見、失控的瞋怒、逃避、自我摧毀以及蔑視神聖性所帶來的極端痛苦。

透過能仁的手，我感到對所有地獄眾生自然生起的慈悲與關懷。祂並非創造眾生、給予痛苦的神，因此要能仁去拯救他們幾乎是不可能的；反而是，藉由祂所給予的智慧，眾生因而能夠從最惡劣的處所上升至上三趣中，甚至從六道輪迴中證得圓滿解脫。

地獄能仁透過祂毫不造作的本質，持續接觸地獄的每一個部份，並且在該處留下標記。有時候是從祂灰色的色身散發出明亮的光輪來作為標記；有時候則是留下祂的足跡或手印──而且其質地是眾生都能感受到的。水的標記或許會出現在熾熱地獄中，而在酷寒地獄中或許會出現火的標記，也或許會出現其他諸如法輪或是彩虹的標記。地獄眾生有可能會被這些標記絆倒，因而讓他們對地獄永存的錯誤信念產生懷疑，了悟到的確有可以終結痛苦的解決之道，這真的是地獄唯一可取之處。

遺憾的是，地獄眾生因為處於極端的瞋怒而受苦，因此易於忽視可能讓他們解脫的質地與標記。地獄眾生一直想要逃脫，因為所有的一切是如此令人難以忍受，但是，可憐！他們越是試圖逃離，所受的地獄痛苦就越是劇烈。猛烈抨擊，只會更加苦痛；默然內化，只會帶來嚴寒。無論怎麼嘗試，都是徹底的難題。

地獄眾生嘗試各種方法來摧毀自己，但卻徒勞無功。在地獄自殺和一般的自殺一樣，都無法解決問題，或者反而更糟，因為在地獄中，行為的後果將會持續數百萬個如幻覺一般的年歲。

　　當生命終了時，端賴個人當時的心態，在死亡和下一世之間的中陰期間，會有個全然解脫輪迴的大好機會。對地獄眾生而言，那個機會是在遇見示現不同色相的能仁時出現，或藉由放置在不同場所的標記引領而獲得。

　　其後有位女性的智慧尊，我稱她為珍娜・蘇菲亞，我曾將她描述為和地獄能仁有著相同的本質：她是能仁，而能仁也是她。尤其是，珍娜・蘇菲亞的外形體現了絕對的仁慈與剎那的心領神會。她的雙眼總是充滿淚水而閃閃發亮，表露出一種純然的關懷，以不帶一絲感傷的任運大悲展現。她天使般的智慧身在我看來是相當莊嚴的，珍娜・蘇菲亞是一位真正的智慧尊，能對地獄運行的複雜方式及桎梏其中的各類眾生感同身受。令我失望的是，地獄眾生是如此於憎恨與恐慌中自顧不暇，因而無法舉目仰望她的美麗。

　　在熾熱地獄中，珍娜・索菲亞與火焰無別，她是火焰令人解脫的智慧特質，而非火焰令人痛苦和幽閉恐怖的特質。在火焰中感知到她的存在，就是透過她獲得解脫的關鍵所在。

　　這趟旅程的最高潮在於地獄能仁和珍娜・蘇菲亞於她化現的火焰中合而為一。她的火焰化現是一種和我道別的訊息——沒有什麼是需要緊握不放的，而智慧即是究竟無礙、無邊無際的虛空。對那些從地獄道解脫的眾生而言，這是一種極大的恩惠與啟發。就我個人而言，這趟旅程讓我重返人道並與我上師的智慧心重新連結。

　　這些縈繞心頭的影像，雖然使我感覺不可思議又顯得離奇，但卻以某種深刻又難以理解的方式豐富了我的生命。

作者介紹

　　山姆‧博秋茲出生於瑞典的馬爾莫市，卻在舊金山成長。就讀大學時便開始在加州柏克萊的電報大道經營香巴拉書店，這間書店在之後的三十五年間成為重要的聚會場所，以及東方與西方神祕主義書籍的銷售通道。他和兩位朋友於一九六九年創立香巴拉出版社，並擔任社長和總編輯達三十五年。山姆也是科羅拉多州博爾德市（Boulder）那洛巴大學的創辦理事，以及金剛界、那爛陀基金會和榮格（C. G. Jung）學會的董事會成員。多年來，他與諸多作者密切合作，出版佛教、禪修、哲學和相關主題的重要書籍。

　　山姆長期師事於邱陽創巴仁波切和聽列諾布仁波切，是藏傳佛教中寧瑪派和噶舉派的資深講師，自一九七〇年代開始，他在北美洲、歐洲和澳洲講授佛教哲學和禪修，並合作編輯國際暢銷選集《佛陀與佛法》（*The Buddha and His Teachings*）（第一版書名為《入流》〔*Entering the Stream*〕）。他在德里、紐約和加州的棕櫚沙漠間來回居住。

畫家介紹

貝瑪‧南卓‧泰耶是位深獲國際讚揚的傳統西藏藝術大師。他是畫家、雕塑家、3D 立體壇城專家，也是傳統西藏建築師、藝術教育者與作家，同時也是蓮花工作室（Padma Studios ／ www.PadmaStudios.com）的創辦人。

貝瑪‧南卓「專業領域中的非凡能力」深受美國政府表彰，並於二〇〇八年頒予永久居留證。哥倫比亞大學印藏佛學研究教授羅伯‧瑟曼（Robert A.F. Thurman）讚揚他是「在描繪西藏肖像主題與題材時最傑出的原創者，甚至可說是天才。」而洛杉磯郡立美術館（L.A. County Museum of Art）的前任館長約翰‧立茲托沛（John Listopad）將他描述為「與達文西或米開朗基羅可謂伯仲之間的文藝復興者。」

貝瑪‧南卓，一九六七年出生於不丹，從小即資質過人，能夠憑著直覺了解自己人生的道路，大多數的學習重心放在磨練漫畫書的設計技巧並發展個人獨具的特色，以及仔細推敲作畫的原料。十三歲時，師事

無瑕藝術傳承的持有者，亦即他的親叔叔，尊貴的喇嘛硃拉‧貢波‧丹津仁波切（Lama Tsarak Gonpo Tenzing Rinpoche），接受學術方面的訓練。貝瑪南卓在嚴謹的課程中表現優越，也精通代表佛之身（繪畫與雕塑）、語（書法）、意（建築）的主要神聖藝術。現在只有極少數的藝術家對此一千二百年的傳承——設計繁複的幾何形狀、象徵符號和圖騰——能有如此深邃的理解。尊貴的喇嘛硃拉‧貢波‧丹津仁波切、喇嘛達登（Lama Dakdhen）、尊貴的尼昌仁波切教授（Professor Nyichang Rinpoche）還有其他上師，一致認為貝瑪南卓是印度神話裡代表建築和工匠的「創造之神」——工巧天（Vishvakarma，音譯「毘首羯摩天」或「維什瓦卡瑪」）的化身。

有鑑於家鄉藏傳佛教文化瀕臨消失的威脅，貝瑪‧南卓早年就懷有保存、傳播西藏藝術的熱忱。在他十七歲時，便毅然決定滿足佛教畫像測量指南的需要，因而開始著手撰寫並繪製他的第一本書《簡明西藏藝術書》（*Concise Tibetan Art Book*，一九八七年）。為了更進一步保存此珍貴遺產，貝瑪南卓撰寫第二本明確的指南《西藏唐卡繪畫：神秘主義的描繪》（*Tibetan Thanka Painting: Portrayal of Mysticism*，二〇〇〇年），貝瑪‧南卓的第三本著作《佛國選集》（*Celestial Portforlio*，二〇一五年）是一本未裝訂的藝術書籍，特別描繪他藝術生涯中最精緻的唐卡畫作；這三本書深受全球大學和國家圖書館的好評。

貝瑪‧南卓極具創意的唐卡繪畫和 3D 立體壇城因畫工精細需要全神貫注好幾個月，甚至好幾年才能完成。這些畫作在全球博物館和畫廊中展出，像是倫敦的維多利亞與艾伯特博物館（Victoria and Albert Museum）、蘇黎世的民族學博物館（Völkerkundemuseum）、洛杉磯的漢默爾美術館（Hammer Museum）、格倫岱爾市的森林草坪博物館（Forest Lawn Museum）、帕薩迪納市的亞太博物館（Pacific

Asia Museum）、紐約的西藏之家（Tibet House）和魯賓藝術博物館（Rubin Museum）。諸如第十四世達賴喇嘛、第四世多竹千仁波切、怙主賈札仁波切等所有主要藏傳佛教傳承備受尊重的上師，還有世界各地的博物館、文化中心以及藝術收藏者，都曾委託他繪製畫像。

二○○九年四月，貝瑪‧南卓受加州特哈茶比市（Tehachapi）的阿里博（Ari Bhöd）中心委託，完成空前未有的銅色吉祥山蓮花光明宮（Zangdok Palri Celestial Palace）之最精準代表的比例模型建構。次年十月至十一月，他在翰默爾美術館參展，作為「壇城計畫」的一部份，因而《洛杉磯時報》稱貝瑪‧南卓為「駐世界的西藏藝術大使」。貝瑪南卓身兼西藏藝術教育工作者與建築師，亦在全世界的博物館和佛法中心演講並且開設研習課程。

二○一一年五月，貝瑪‧南卓開始歷史性的中陰文武百尊壇城（Shitro mandala）計畫，稱為「金佛殿」——這是在印度錫金將建造的二百英尺寬的百佛殿。這被視為未來世代神聖設計的基準，不只具有宗教和象徵性的意義，也樹立了正宗的建築與室內設計。此模型是貝瑪‧南卓第八個以 3D 立體的方式來展示壇城的作品。

四分之一個世紀以來，貝瑪南卓在全球對傳統西藏藝術的鑑賞方面早已貢獻殊偉，但他仍日日不斷地實踐個人使命，也就是盡其全力地傳授知識及藝術創造力，以期能夠利益一切眾生。

插畫介紹

　　當山姆・博秋茲來找我為他的故事繪製插圖時，我認為這是一個極其可貴的機會，可以藉由藏傳佛教宇宙觀、但同時能被大眾接受的方式來描繪地獄道。就最為一般的概念而言，地獄道展現了無數難忍的痛苦狀態。本書所描繪的目的在於創造一種對死亡必然性的認知，並且鼓勵讀者能夠更深入探究生命的意義和惡行的後果。究竟上，思忖地獄道以及死後的生命，是鼓勵我們從事更大的善行，這就是我進行這些畫作的動機。

　　以山姆的故事為依據，我的彩色插圖（壓克力・畫布）著重於熾熱和酷寒地獄的景象。開始時，我參考十九世紀中葉證悟上師巴楚仁波切所撰寫的《普賢上師言教》，另外也參考十四歲時從我喇嘛叔父，尊貴的硃拉・貢波・丹津仁波切所領受的中陰（介於死亡和轉世之間的「中間狀態」）口傳法教，以此為基礎，並發揮我的想像、深思對當代社會中痛苦的印象來創造圖像。與山姆和此計畫的視覺顧問史都華・麥克當諾之間的對話讓我思如泉湧；他們的意見與反饋敞開我心的視野，了解自己如何能夠在繪畫中創造更多的空間。此外，在為本書開頭和結尾製作黑白圖片時，我心情極為喜悅，它們直接描繪了山姆生命中關鍵的自傳式片刻。

貝瑪・南卓・泰耶

Pema Namdol Thaye

插圖列表

以下是本書所翻印彩色圖畫的標題與原始尺寸。所有插畫的媒材都是壓克力・畫布。

36 頁：下墮，21.75×29.3 英寸

38–39 頁：元素的融合，14.5×20 英寸

41 頁：邊境，21.25×26.2 英寸

43 頁：地獄之門，20.75×21.1 英寸

47 頁：果報，26.5×32.25 英寸

48–49 頁：壓迫，20.75×26.2 英寸

51 頁：內在地獄，13.5×20 英寸

54 頁：旅程，20×22.75 英寸

56–57 頁：地獄下水道，12.25×20 英寸

60 頁：閻摩的憤怒，16.75×24 英寸

64–65 頁：解體，21×25.5 英寸

69 頁：莫莫・多羅，23.75×30 英寸

72 頁：珍娜・蘇菲亞，19.75×23.75 英寸

75 頁：煉獄，20.75×27 英寸

79 頁：入口，20.75×32.5 英寸

82–83 頁：冰凍地獄景象，17×29.75 英寸

86–87 頁：荒蕪淒涼，14.25×19 英寸

90–91 頁：冷酷巨人，24.25×43.25 英寸

95 頁：寒獄之城，23×30.75 英寸

96 頁：三聯畫，21×28 英寸

99 頁：渦旋，20×24.5 英寸

102 頁：激情，15×20.5 英寸

105 頁：渴望，21×25.5 英寸

107 頁：超越，211.25×26 英寸

108–109 頁：解脫，20.75×53.5 英寸

126–127 頁：六道，20.75×36 英寸

以下圖像也是素描原作的翻印：生命之輪（一二四頁），中陰文武百尊壇城（一五八頁）。

致謝

山姆・博秋茲的致謝

　　首先最重要的，我想要感謝邱陽創巴仁波切、怙主聽列諾布仁波切與札列治貢仁波切（Traleg kyabgon Rinpoche）等大悲尊貴上師們的指導，他們對我是如此地寬容與仁慈。透過他們的智慧法教，我才能了解此人身的珍貴和佛陀甚深的教法。

　　此外我也要向藝術夥伴——貝瑪・南卓・泰耶致上萬分的感謝，他多年以來兢兢業業地為本書創作令人讚歎的插圖。他總是耐心聆聽我與他多次會面中所講述的故事。他和我之間頗能心領神會，透過他的繪畫技巧與知識才能創作此非凡的藝術作品，而我確信這些作品將會啟發未來的世世代代。

　　在此奇特寫作過程中居功厥偉的莫過於經常陪伴我的艾咪・格林，她不但有耐心，同時也非常積極——不只把我介紹給貝瑪，更將我口述的部份聽打出來並且給予我很大的幫助與回饋；倘若沒有她正面的能量與不斷的鼓勵，本書要問世的可能性是微乎其微的。

　　多年服務於香巴拉出版社的坎卓拉・克拉森・巴勒斯（Kendra Crossen Burroughs）是編輯此書的大功臣，她將一堆不同的文稿加以具體化、系統化地整理並且編輯成冊。我現在了解為什麼有那麼多我喜愛的作者非常喜歡坎卓拉為他們的書籍來作編輯。

　　史都華・麥克當諾鼓勵我將所經歷的故事以圖像回憶錄的方式來描述，並且加入我和貝瑪的團隊，共同討論如何將我內心的旅程以視覺方式來加以詮釋。我們三人在眾多個夜晚相聚、集思廣益並且談笑言歡。

　　一路走來，我的作家好友們一直鼓勵並提供建言，也有許多朋友在此過程中給予慰藉與鼓勵。我衷心感謝喬治・桑德斯（George Saunders）、麥可・赫爾（Michael Herr）和魯迪・沃利策（Rudy Warlitzer），也感謝大衛・波達克（David Bolduc）、玻拉・巴庫拉（Volha Vakula）和坎蒂・瓦倫廷（Candy

Valentine）的支持與好奇心。

　　最後，我要對香巴拉出版社協助出版本書的同仁致上由衷的謝意。蘿拉·左理安（Lora Zorian）為本書內頁製作如此精美的設計與版面編排，使得這本由圖畫輔佐的文字更具力量。貝絲·弗蘭克（Beth Frankl）和約翰·哥比斯基（John Golebiewski）熟練地指導此計畫的完成，而香巴拉美術編輯主任海卓·博秋茲（Hazel Bercholz）以她的專業知識為本書創造了令人印象深刻的封面。

貝瑪·南卓·泰耶的致謝

　　我想要感激兩位已故的親人，一位是我的叔叔，尊貴的喇嘛砵拉·貢波·丹津仁波切，一位是我的母親，瑜伽女砵拉·索南·蘭都（Yogini Tsarak Sonam Lhendu）；由於他們的加持並作為我的典範，我才能夠了解生命與此珍貴人身深具的意義。我同時要感謝妻子潔西卡·泰耶（Jessica Thaye），她全心全意地支持我對藝術的堅持，並且相信此作品的重要性。

　　能與香巴拉出版社的人員合作是件相當不可思議的事，我非常欣賞他們專業的水準與敬業的態度。我要特別感謝蘿拉·左理安所製作超乎水準的版面編排，將我的作品以一種動態的風格來呈現。我也衷心感謝香巴拉所有人員，包括：海卓·博秋茲和貝絲·弗蘭克協助賦予此出版品的生命力；同時也感激此計畫的視覺顧問史都華·麥克當諾，與他共事是非常具有啟發性的。此外也感謝特約編輯坎卓拉·克拉森·巴勒，他的功力將此作品呈現得精細入微。

　　最後，我想要感謝我的合作夥伴山姆他帶領我經歷這趟獨特的旅程，同時也由衷感激他的妻子艾咪·格林安排我們第一次的會面。要從地獄深淵去回憶這段故事，對山姆而言並非易事，而以地獄作為主體而建構的合作關係，對我而言也是一種很奇特的經驗。我很感激山姆的坦誠，並願意與世人分享他的故事，這對任何人而言都不是一件容易的事。山姆的寫作鞭辟入裡，過程中亦道出他的膽量且不阿諛奉承，能夠如實描繪他的故事是我極大的殊榮，縱使作畫的過程中著實讓我費心不少。

　　山姆，感謝你邀請我與你共遊此段旅程，開創了我藝術生涯的另一個高峰。